3日でわかる法律入門

# はじめての
# 知的財産法

### 第5版

尾崎哲夫 著

JN202953

自由国民社

はじめに

## ❖私たちと法律

「法律は難しい」というイメージがあります。

また「法律は専門的なことで，普通の人の普通の生活には関係ないや」と思う人も多いことでしょう。

しかし，国民として毎日の生活を送るかぎり，いやおうなしにその国の「法律」というルールの中で生きているはずです。

クルマに乗れば，道路交通法に従わなければなりません。

商取引は当然，商法などの法律の規制の下にあります。

私達はいわば法の網の目の中で，日々の生活を過ごしているわけです。

法律の基本的な知識を持たずに生活していくことは，羅針盤抜きで航海するようなものです。

## ❖判断力のある知恵者になるために

法律を学ぶことには，もう一つ大きな効用があります。

**法律を学ぶと，人生において最も大切な判断力が養われます。**

ともすればトラブルを起こしがちな人間社会の生活関係において，そこに生じた争いごとを合理的に解決していく判断力を養うことができます。

たとえば，学生が学校の銅像を傷つけたとします。

判断力のない小学生の場合，次のような反応をします。

「えらいことをしてしまった。叱られるかな，弁償かな」

でも法学部の学生なら，次のような判断ができるはずです。

「刑法的には，故意にやったのなら器物損壊罪が成立する」

「民法的には，故意／過失があれば不法行為が成立する。大学は学生に対して損害賠償請求権を持つ」

このように判断した後ならば，次のような常識的判断も軽視できません。

「簡単に修理できそうだから，問題にならないだろう。素直に謝って始末書を出せば平気かな，わざとやったわけではないし」

❖知的財産法について

「昔戦車，今特許」という言葉があります。

昔は，強国が武力での帝国主義侵略で弱小国を支配しました。

今は，強国は特許などの知的財産を使って弱小国を支配できるようになっています。

それほどに知的財産は，現代社会において，重要なものになってきています。知的財産を制する者は世界を制すると言っても過言ではない状況になりました。

ところが，六法中心の日本の法学教育では，従来，知的財産はマイナーな分野であり，むしろ放置されてきました。

そのため，研究者の数が少なく，国家としても優秀な研究者の育成と知的財産を充分理解している社会人の養成が肝要になってきました。

企業などで盛んに知的財産の研究や教育が行われていますが，啓蒙的入門書はそれほど多くはありません。書店の本棚へ行くと，優秀な学者の専門的研究書はあります。

実務家やジャーナリストが書いた最近のトピックを中心とし

た本もあります。

　この本は，幅の広い知的財産の鳥瞰図と入門を目指しました。知的財産の全体図を絵のように鮮やかに描き出し，知的財産の基礎をつくっていただきたいと思いました。

　知的財産は現代のホットコーナーの一つです。社会人や学生の皆さんが，現代社会を生き抜く中で，しっかりした知的財産を身につけ，学業や仕事に活かされることを，編集担当者としてこの本の出版に努力を惜しまれなかった竹内尚志編集長とともに，祈っております。
Thank you so much for helping me to settle down in Australia. Ben Shipp , Aimee Shipp
　平成 30 年 6 月吉日

尾崎哲夫
http://www.ozaki.to

# お奨めしたい知的財産法関係の本

　以下の本は，この本を執筆するにあたり，あるいは私が普段の研究の中で，参考にさせていただいた本です。読者の皆様にもお薦めしたい文献です。

・『ガリレイの生涯』ベルトルト・ブレヒト　岩淵達治訳（岩波文庫）
・『企業家エジソン』名和小太郎（朝日選書）
・『競争社会アメリカ』長谷川俊明（中公新書）
・『工業所有権標準テキスト　商標編』経済産業省・特許庁企画　社団法人発明協会制作
・『工業所有権法概説〜知的財産法の基礎知識〜』盛岡一夫（法学書院）
・『産業財産権標準テキスト　特許編』経済産業省・特許庁企画　社団法人発明協会制作
・『情報知的財産権』牧野和夫（日本経済新聞社）
・『知財戦争』三宅伸吾（新潮新書）
・『「知財」で稼ぐ！』読売新聞東京本社経済部編（光文社新書）
・『知財立国』荒井寿光＋知的財産国家戦略フォーラム編（日刊工業新聞社）
・『知的財産権』名和小太郎（日本経済新聞社）
・『知的財産権入門　制度概要から訴訟まで』馬場錬成・創英知的財産研究所（法学書院）
・『知的財産法』伊藤真（弘文堂）
・『知的財産法』角田政芳・辰巳直彦（有斐閣アルマ）
・『知的財産法』田村善之（有斐閣）
・『知的所有権』富田徹男（ダイヤモンド社）
・『知的所有権の知識』寒河江孝充（日本経済新聞社）

- 『著作権の法と経済学』林紘一郎編（勁草書房）
- 『著作権法概説』田村善之（有斐閣）
- 『特許の知識　理論と実際』竹田和彦（ダイヤモンド社）
- 『入門著作権の教室』尾崎哲夫（平凡社新書）
- 『発明の歴史』学研編集部（学研）
- 『プロパテント・ウォーズ』上山明博（文春新書）
- 『別冊ジュリスト　著作権判例百選』斉藤博・半田正夫編（有斐閣）
- 『別冊ジュリスト　特許判例百選』中山信弘・相澤英孝・大渕哲也編（有斐閣）
- 『コンパクト法律用語辞典』尾崎哲夫（自由国民社）
- 『レオナルド・ダ・ヴィンチの手記（上）（下）』杉浦明平（岩波文庫）
- John, T. Masterson, Jr.. International Trademaeks and Copyrights. Chicago, ABA

  Jill, Gilbert. The Entrepreneur's Guide To patents, copyrights, trademarks, trade secrets, & licensing. New York, Berkley

**❖参考 HP**
- 特許庁ホームページ　http://www.jpo.go.jp/indexj.htm
- 文化庁ホームページ　http://www.bunka.go.jp/

# もくじ

はじめに ——————————————————————————— 3
お奨めしたい知的財産法関係の本 ———————————— 6

## 0時間目 序論

知的財産法とは ——————————————————————— 13
① ▶知的財産権とはどういう権利か ————————————— 14
② ▶知的財産法の種類 —————————————————————— 17
③ ▶なぜいま知的財産法なのか ———————————————— 20
コラム【知的財産のスペシャリスト　弁理士】————————— 24
④ ▶知的財産法を学ぶにあたって ——————————————— 26

## 1時間目 知的財産法その1

特許法 —————————————————————————————— 29
⓪ ▶特許権制度の歴史 ———————————————————— 30
① ▶特許権で保護されるもの ————————————————— 32
コラム【未完成発明】———————————————————————— 39
② ▶特許権は誰のものか ——————————————————— 40
③ ▶冒認 (ぼうにん) 出願 ——————————————————— 42
④ ▶先願主義 ——————————————————————————— 44
コラム【特許をとらなかったテレビ】————————————— 45
⑤ ▶職務発明 ——————————————————————————— 46
コラム【「相当の利益」をめぐる論争】———————————— 48
⑥ ▶特許出願 ——————————————————————————— 50
⑦ ▶実体的登録要件 —————————————————————— 53
⑧ ▶補正, 査定, 審判, 不服申立て ———————————— 64
⑨ ▶特許権の効力と保護範囲 ————————————————— 71
⑩ ▶特許発明の利用 —————————————————————— 80

⑪ ▶特許権が侵害されたら ——— 83
コラム【特許の利用方法】——— 92

## 2時間目 知的財産法その2

不正競争防止法 ——— 97
⓪ ▶はじめに ——— 98
① ▶不正競争行為いろいろ ——— 99
② ▶商品等表示の保護 ——— 100
③ ▶商品形態の保護 ——— 105
④ ▶トレードシークレットの保護 ——— 107
コラム【ヘッドハンティング問題】——— 112
コラム【比較】特許 vs.ノウハウ ——— 112
⑤ ▶技術的制限手段の保護 ——— 114
⑥ ▶ドメイン名の保護 ——— 114
⑦ ▶品質等誤認惹起表示の防止 ——— 118
⑧ ▶営業誹謗の防止 ——— 118
⑨ ▶代理人等による商標無断使用の防止 ——— 119
⑩ ▶不正競争行為に対する対抗措置 ——— 120
コラム【コンテンツビジネス】——— 122

## 3時間目 知的財産法その3

商標法 ——— 123
⓪ ▶はじめに ——— 124
① ▶商標の3大機能 ——— 124
② ▶商標いろいろ ——— 125
③ ▶登録主義と使用主義 ——— 126
④ ▶登録要件 ——— 127
⑤ ▶不登録事由 ——— 130
⑥ ▶商標登録 ——— 133
⑦ ▶不使用商標の取消裁判 ——— 136
⑧ ▶商標権の効力 ——— 136

コラム【「阪神優勝」問題】————————————— 139
⑨ ▶商標権の侵害が起きたら ——————————— 140
コラム【ブランドの価値】———————————————— 142

# 4時間目 知的財産法その4

意匠法————————————————————— 143
⓪ ▶はじめに ——————————————————— 144
① ▶登録要件 ——————————————————— 144
② ▶意匠出願・登録 ———————————————— 146
③ ▶意匠権の侵害が起きたら ———————————— 147
④ ▶特別意匠登録制度 —————————————— 148
コラム【比較】不正競争防止法 vs 著作権法 vs 意匠法 ——— 150

# 5時間目 知的財産法その5

実用新案法 ————————————————————— 151
⓪ ▶はじめに ——————————————————— 152
① ▶実用新案 ——————————————————— 152
② ▶実用新案出願・登録 —————————————— 153
コラム【比較】特許法 vs.実用新案法 ———————— 155

# 6時間目 知的財産法その6

著作権法 —————————————————————— 157
⓪ ▶はじめに ——————————————————— 158
① ▶著作権とは ————————————————— 158
コラム【比較】著作権 vs.特許権 ———————————— 161
② ▶著作権で保護されるもの ———————————— 163
コラム【キャラクターの保護】———————————— 173
③ ▶著作権は誰のものか —————————————— 174
④ ▶著作権いろいろ ———————————————— 176
⑤ ▶著作権も制限される —————————————— 180
コラム【私的録音補償金制度】———————————— 183

10

⑥ ▶著作権が侵害されたら ——————————————— 186
コラム【Fair use の法理】——————————————— 187
⑦ ▶著作隣接権とは何か ——————————————— 192
コラム【パブリシティー権】——————————————— 195
⑧ ▶著作物の利用 ——————————————————— 196

## 7時間目 知的財産法その7

国際条約と国際問題 ——————————————————— 199
⓪ ▶はじめに ————————————————————— 200
① ▶知的財産を保護する国際条約 ——————————— 201
② ▶並行輸入問題 ——————————————————— 207

さくいん ——————————————————————— 210

本文デザイン──中山銀士

# 0時間目
## 序論
## 知的財産法とは

## ●1●
# 知的財産権とはどういう権利か

　知的活動から生じた財産的価値を有する情報を知的財産と呼び，これら知的財産から生じる権利の総称を**知的財産権**(Intellectual Property Right) と言います。

　知的財産はあなたの身の回りにあふれています。例えば，デジタルカメラや携帯電話などはその最たるもので，数千の知的財産権で保護されています。ただ，知的財産権は，有体物としてのデジタルカメラや携帯電話本体を保護するのではなく，その中にある情報を保護します。情報は無体のものです。有体物について定める民法では保護されず，別に知的財産法で保護される必要があります。

　例えば，この本 (有体物＝物) の所有者が私であれば，他人は使いたくても，私の許可がなければ奪い取らない限り，利用できません。一方，その本の内容 (無体物＝情報) に関しては，いくら嫌だと私が言っても，誰かに借りて，それをコピーできたら簡単に使われてしまいます。このように，知的財産は**他人の無断利用に対して非常に弱い**のが特徴です。

　しかし，これがおおっぴらに許されると，究極的には誰も本を書かなくなってしまいます。たとえがんばって書いても，一度本として出版されてしまえば，誰でも簡単にコピーして，同じ本を配って儲けられるからです。

> このように他人の労力にただ乗りする行為を
> フリーライドと言います。

　発明にも同じことが言えます。せっかくある企業が，R＆D (研究開発＝Research＆Development) に莫大な投資をして新しい発明をしても，市場に出せばコピーされてアウトという

ことになれば，どの企業も先に発明をしようとは思いません。これでは，技術の発展，ひいては産業の発展にもよくない影響を与えます。

そこで，知的財産法は，このような事態が起こらないよう先行発明者・創作者に**独占利用の権利**を与え，その**経済的利益を守る**ことで新たな発明・創作への**インセンティブを与えている**のです。このことから、知的財産権は、発明・著作物を利用する権利を付与する裏返しの効果として、他人に自分が特許を得た発明を利用することを禁止したり（独占権）、創作著作物の模倣を禁止する権利（模倣禁止権）ということもできます。

特許権などは独占権といって，同一の発明を他人が独自に創作した場合であってもその創作を利用することを原則として禁止する効果を有しますが，著作物は模倣禁止権といって，同一の著作を他人が独自に創作していた場合（独自創作であることを裁判で証明できるかどうかは別にして）にはその他人に対して権利は及びません。

---

**独占権と模倣禁止権**
**独占権（権利を独占して利用できる）：特許権・実用新案権・意匠権・商標権など**
**模倣禁止権（まねすることを禁止できる）：著作権**

---

特許権者XがするAという権利と同じ権利を他人Yが利用していた場合，Yが独自にAを発明・開発・考案していたとしてもYはXの権利を侵害したことになります（特許法79条の先使用権などが認められれば話は別です）。

また，著作権者尾崎哲夫が小説「哲夫の日々」を創作して出版していたとします。この小説が創作された後に別の人，山崎哲夫さんが「哲夫の日々」という全く一字一句同一の小説 (!!) を創作して出版していたとしても，山崎さんは尾崎さんの「哲夫の日々」の著作権を侵害したことにはなりません。もっとも，山崎さんが尾崎さんの「哲夫の日々」に全く依拠せずに独自に創作したことを裁判所が認めてくれればの話ですが。
　しかし，一方では知的財産は先人の知恵の結晶であり，私たちがそれらを利用して発展してきたのも事実です。ですから，知的財産権は，他人が改良を加えて，さらなる知的活動を行うのを妨げる程にその保護を強力にしてはいけません。
　つまり，**知的財産の「保護」と「利用」のバランスをとることが重要であり，それが知的財産法の目的であり役割**と言えるでしょう。

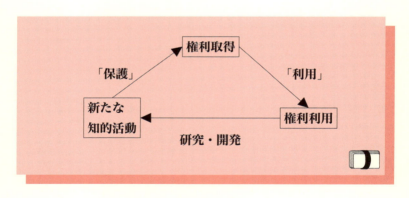

　ちなみに，世界的には，知的財産権は以下のような知的活動から生ずるすべての権利と定義されます。

①文芸，美術および学術の著作物
②実演家の実演，レコードおよび放送
③人間の活動のすべての分野における発明
④科学的発見
⑤意匠
⑥商標，サービスマーク及び商号その他の商業上の表示
⑦不正競争に対する保護
(世界知的所有権機関〈WIPO〉設立条約第2条viiiより)

　なお，知的財産権は，「知的所有権」と呼ばれることもあります。しかし，知的所有権という語は，必ずしも法律用語の「所有権」の概念とはつながりません。本書では，一般的になっている「知的財産権」を使用します。なお，無体物に関する権利であることから，「無体財産権＝Intangible Property Right」という言葉も法曹界やビジネスでは使われていましたが，現在では少数派になっています。

## ●2●
## 知的財産法の種類

### ❖国内の知的財産法

　みなさんも，発明と**特許法**，小説と**著作権法**の組み合わせはなじみがあると思います。しかし，知的財産全体とそれを規律する法律は他にもいろいろあります。

　発明に似ている概念で「考案」を保護する**実用新案法**，「デザイン＝design」を保護する**意匠法**，「商標＝trademark」を保護する**商標法**などは有名です。

少しマイナーなところでいえば，半導体チップの回路配置利用権を保護する半導体チップ保護法や，商号を保護する商法の規定なども知的財産法に含まれます。

また，少し毛色の違うものに，**不正競争防止法**があります。不正競争防止法は，すでに述べた特許法や意匠法などの保護の隙間を埋めており，広義では知的財産法となります。不正競争防止法による保護は，特許法のように権利取得を前提としておらず，他人の知的財産にただ乗りして利益を得るといった不正な競争行為に対して罰を与えるのが特徴です。

他に，パブリシティ権などのように保護する法律がない場合には，判例によって補われている場合もあります。これも広義の知的財産法と言ってよいでしょう。

*パブリシティー権については著作権法のところで説明します。*

ちなみに，特許（patent）・実用新案（utility model）・意匠・商標を総称として「**工業所有権**＝industrial property right」と呼んでいます。日常では，工業所有権制度と言うよりは特許制度と言うほうが自然ですね。

*ちなみに工業所有権を管理しているのは、「工業所有権庁」などではなく、「特許庁」です。著作権だけは文化庁の管轄となっています。*

### ❖世界の知的財産法

知的財産を保護する国際条約は存在します。しかし，各国は独自の知的財産法を持っていて，「万国共通特許権」のようなものは存在しません。

条約は国家と国家が結ぶ約束事です。知的財産の分野では，**パリ条約，ベルヌ条約，TRIPs 協定**が重要です。

　パリ条約は，特許法，意匠法などの工業的知的財産権を保護します。調印されたのは 1883 年と古く，知的財産の分野での国際協調が進んでいたことがうかがえます。

*パリ条約は2番目に古い条約です。ちなみに1番古い国際条約は「万国郵便条約」です。*

　日本国内で著作権法にあたるものとして，1886 年に締結されたのが「文学的及び美術的著作物の保護に関するベルヌ条約」です。これはベルヌ条約と呼ばれています。

　TRIPs 協定は，1994 年にモロッコのマラケッシュで署名された「世界貿易機関を設立するマラケッシュ協定＝Marrakesh Agreement Establishing the World Trade Organization」の付属書 1C として成立し，1995 年に発効しました。正式名称を「私的所有権の貿易関連の側面に関する協定＝Trade-Related Aspects of Intellectual Property Rights」と言います。この協定はWTO（世界貿易機関＝World Trade Organization）の加盟国に適用され，加盟国は協定実施の義務を負っています。従来の知的財産保護関連の条約よりも大きく発展したものとなっており，新しい知的財産保護のルールとして注目されます。

　これらの知的財産権保護を統括する国際機関としては，**WIPO**（世界知的所有権機関）があります。

*W・I・P・O＝ダブリュー・アイ・ピー・オー*

　WIPO は，本部をスイスのジュネーブに置く国連ファミリーの一員で，知的財産権に関する条約の締結や改正，各国の法律の調整などを行っています。

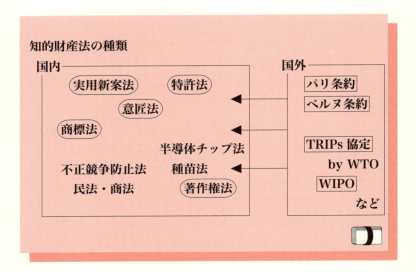

## ●3● なぜいま知的財産法なのか

20世紀は技術革命の世紀でした。日本は，欧米諸国に追いつけ追いこせで工業化を進め，戦後は，自動車，半導体などの先端産業を発展させました。改良を積み重ねて世界に名だたる「モノづくり」のシステムを作り上げた日本は，80年代には世界でもトップレベルの工業国となりました。

21世紀を迎え，時代は今，産業構造がモノ作りから情報管理へとシフトしています。21世紀は「情報革命」の世紀であり，情報時代の申し子であるインターネットの爆発的な普及がそれを表しています。しかし，「失われた10年」といわれるバブル経済の崩壊後の90年代が尾を引いて，日本は厳しい状態で21世紀を迎えざるをえませんでした。

## ❖アメリカはどうやって復活したのか？

　一方，80年代こそ日本に押され気味だったアメリカですが，レーガン大統領になって政策を一変させ，復活への道を再び歩みだしました。その政策が，**プロパテント（特許重視）政策**です。

　「財政赤字」，「貿易赤字」のいわゆる「双子の赤字」に苦しんでいた当時のアメリカは，これまでのアンチパテント（独占を禁止する）政策が間違っていたことに気づき，一気に国家レベルで知的財産の保護強化に乗り出しました。

　まず，82年にワシントンDCに特許紛争専門の裁判所である連邦巡回区控訴裁判所（CAFC）を新設しました。このCAFCは，1990年のコダック社対ポラロイド社のインスタントカメラをめぐる特許侵害訴訟で，世界の注目を集めることになります。この裁判で，被告のコダック社は，莫大な損害賠償金を払うことになり，知的財産の恐ろしさを世界に知らしめる結果になりました。

　その後も，85年の大統領の諮問委員会による「ヤング・レポート」には，アメリカ復活のために知的財産権を強化することなどが盛り込まれ，レーガン大統領以後の政権もプロパテント政策を引き継ぎました。そして，90年代にはその成果が現れはじめ，アメリカは見事に復活を遂げたのです。

　黒板に示した図からもわかるように，アメリカにおける時価総額の無形資産の占める価値は増え続けており，「知価社会」への流れは確実なものとなっています。

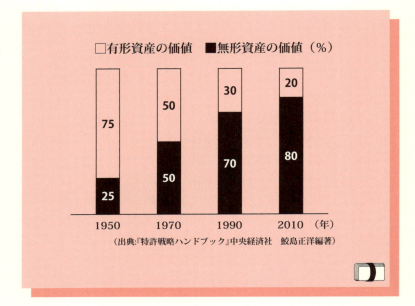

(出典:『特許戦略ハンドブック』中央経済社　鮫島正洋編著)

### ❖日本のプロパテント政策のはじまり

　21世紀に入り，わが国も遅まきながらプロパテント政策を推し進めています。2002年は「知財立国元年」とも言われ，政府が**「知的財産戦略大綱」**を発表しました。

　内容は非常に画期的なもので，国家レベルで集中的，計画的に行動計画を実行するとして，118項目の行動計画を挙げています。法科大学院で知的財産法教育の充実が図られるなど，私たちにも見える形で計画は順次進められてきています。「知的財産戦略大綱」では重要ポイントとして次のような項目があげられています。

「知的財産戦略大綱」のポイント
①「世界特許」に向けた取り組みの強化
②実質的な「特許裁判所」機能の創出
③模倣品・海賊品等の対策の強化
④営業秘密の保護強化
⑤大学の知的財産の創出・管理機能の強化
⑥知的財産専門人材の養成

　大綱の詳しい内容は,

　http://www.kantei.go.jp/jp/singi/titeki/index.html

　からダウンロードできますので,一度ぜひ目を通して見てください。

コラム

### 【知的財産のスペシャリスト　弁理士】

　大綱の重要項目にも入っていた知的財産専門の人材養成ですが，まず，現在の体制で重要な役割を担っているのは**弁理士**です。

　知的財産関連の話題が新聞紙面をたびたび飾るようになってから，知的財産のプロである「弁理士」の仕事も以前より脚光を浴びるようになりました。しかし，弁理士は，実に100年以上も昔から実績を有するわが国の知的財産制度の担い手なのです。

　弁理士は，知的財産権の特許庁への出願から権利化の過程において，**技術的・法律的なアドバイス**をしながら，代理人として権利の取得を目指すのが主な仕事です。具体的には，依頼内容について先行技術・商標等や先行出願を調査し，権利が取れるか否かを判断します。

　また，外国出願やライセンス契約，審決取消訴訟や侵害訴訟の際のクライアントの代理人としての活動も弁理士の仕事です。このように，弁理士は「技術」と「法律」を駆使する知的創造社会のスペシャリストとして今後いっそうの活躍が期待されます。

　このような時代のニーズに応じて平成14年には，試験制度が改正され，新たに「不正競争防止法」と「著作権法」が試験科目に加わりました。同じく平成14年の法改正で，弁理士に特許権等侵害訴訟における訴訟代理権が認められました。これにより，日本弁理士会の研修を修了し試験に合格した弁理士は，特許等侵害訴訟に限っては弁護士のように訴訟の代理も可能となっています。

　また，知的財産の人材養成をする知的財産専門職大学院があり，修了者には弁理士試験の一部免除などが認められます。

　平成26年の弁理士法改正で，弁理士は「知的財産に関する専門家」であり，出願以前のアイデア段階での相談業務もできると明確化されました。弁理士の一層の活躍が期待されています。

**弁理士に依頼しよう！**

- 発明・考案等をしたとき(権利取得)
- 外国出願するとき(外国特許・商標権取得)
- 知的財産に関連する契約締結やその他相談が必要なとき
- 他人の権利を侵害しないか不安なとき
- 権利争訟があるとき(異議申立・審判・訴訟)

## ● 4 ●
# 知的財産法を学ぶにあたって

　では，それぞれ個々の法律の勉強に入る前に，全体に共通する知的財産法の構造をみておきましょう。

*下は知的財産法のみならず，おおよその法律に共通する構造なので，確認しておいて下さい。*

> **知的財産法全体図**
> ①権利の発生面
> 　権利の主体…権利を持つのはだれか
> 　権利の客体…保護される対象は何か
> 　権利の内容…具体的に何ができるか
> 　権利の取得手続き…どうやったら権利が手に入るか
> ②権利の侵害面
> 　侵害成立の要件…何が知的財産権の侵害行為となるか
> 　違法性阻却事由…侵害成立が妨げられる場合
> 　侵害成立の効果…侵害が成立するとどうなるか

　上のように，知的財産法は大きく権利の**発生面**と**侵害面**とに分けて考えることができます。

　ここで，「違法性阻却事由」という言葉について少し解説しておきます。権利侵害の話になるとよく聞く言葉なのですが，その名のとおり，**違法である侵害行為の違法性をなくす特別な理由**を言います。たとえば，レンタルビデオなどを再生すると，はじめに「警告」が流れ，「私的使用以外は使用不可」，つまり

「私的使用ならOK」というテロップが出てきますね。これは，本来は上映することは禁止されているけれども，家庭内といった「私的」な範囲での使用は例外的に許すことで，上映の違法性を阻却しているわけです。

多少，黒板の図と違う構造の法律もあります。たとえば，特許法や意匠法などは，権利の発生のためには登録が必要です。一方，著作権法は無方式主義といって，権利の発生に登録はいりません。

また，不正競争防止法は，権利取得が保護の前提条件ではなく，「不正競争防止権」などそもそもありません。

このようにいくつか例外もありますが，だいたい黒板に挙げた項目を順に見ていくことができるので，今読んでいるところはどこに当たる話なのか，位置づけに注意しながら学んでいって下さい。

❶知的財産法とは ▶ 27

# 1時間目
# 知的財産法その1
# 特許法

## 特許権制度の歴史

　発明に対して独占権を与える特許制度は，いつから始まったのでしょうか？　特許権の歴史は非常に古く，起源は古代ギリシャにみられます。古代ギリシャの都市シリバスでは，新たな料理を創作した優れた料理人に対して1年間その料理の製造の独占権が与えられていました。

*もちろん、現在の日本では、料理のレシピが保護されることはありません。*

　特許権が具体的に活用されるようになったのは，時は流れて中世時代，ルネサンス期のヨーロッパでした。この頃になると，新たな技術の創作者に国王が特権を付与するようになりました。また，王侯貴族が発明家に資金援助を行うようになります。これは，特権や独占権を与えるものではありませんが，発明に対してインセンティブを与えるという意味で注目に値します。1474年には，ヴェネチア共和国において，「発明条例」が発布されました。発明者に対して期間制限付で独占権を与えるなど，ほぼ現在の特許制度の形をとっています。

　しかし，時代が下るにつれ，国王・貴族たちは権力を乱用するようになり，17世紀初頭，イギリスのエリザベス女王の時代には特許が乱発されるようになりました。そこで，議会が成立させたのが，1624年の「専売条例＝Statute of Monopolies」です。これによって新規な製造物の最先かつ真正な発明者にのみ特許を与える原則が確立されました。この専売条例は，イギリス特許法の根幹であると同時に，各国に広がって現代の特許法に受けつがれていくことになります。ちなみに，アメリカはイギリスから独立してすぐに「特許法」を採用しています。

わが国の特許制度の歴史に話を移しましょう。古く江戸時代には，わが国は徳川幕府の下，鎖国制度を採用していました。そのため，西洋の先進の産業革命はおろか，何か新しいことを考えること自体が幕府に対する反逆として処罰の対象になりました。これが，1721年の「新規御法度」です。ですから，当時は優れた技術が発明されても秘密にされ，公開されることはありませんでした。

　時代は下って明治維新の1867年（慶応3年），福沢諭吉によって特許制度がはじめて紹介されます。彼はその著書『西洋事情』外編で，発明の免許について触れています。福沢の紹介によって広まった「特許」の考え方は，1871年（明治4年）に「専売略規則」として発布されました。しかし，残念ながらこの法律によって出願された例はなく，翌年には執行停止となりました。

　その後，1885年（明治18年）に「専売特許条例」が施行され，本格的な保護が始まりました。この2年前にパリ条約が締結されていたことが背景にあります。明治21年には，「特許条例」が，そして，明治32年には名前も「特許法」となり，現行の特許法と近い体裁をとるようになりました。その後，特許法は2回の全面改訂を経て，昭和34年の大改正で現行法が制定されました。

## ●1●
# 特許権で保護されるもの

　ここでは，権利の発生面で重要な要素となる，特許権の客体，つまり，特許権の保護対象である「**発明**」についてみていきましょう。

### ❖発明の要件

　特許法上，「発明」とは①自然法則を利用した②技術的思想の③創作のうち④高度なものを言います（特許法2条1項。以後この章で法律名がないものは，原則として特許法の条文です）。これによって発明として特許法で保護されるかが判断されることになります。

---

**発明の要件**
**①自然法則の利用**
**②技術的思想**
**③創作性**
**④高度性**

---

　発明の定義がおかれている特許法は，先進国では珍しく，日本とカナダで見られる程度です。両国では，発明一般を定義することによって保護対象を明確にする意図があるようです。一方で，欧米の多数の国は，一般定義をおかずに，保護対象は判例で決定されるという柔軟性を優先しています。たとえば，米国では，「発明とは発明および発見をいう＝The term "invention" means invention or discovery」（アメリカ合衆国特許

法100条）と定義されていて，ほとんど解釈上の意味を持っていないと言えるでしょう。また，ヨーロッパ特許条約では，「発明」に対する定義規定はなく，その代わりに，「発明」から除外されるものを規定しています（ヨーロッパ特許条約52条2項・3項）。

*ヨーロッパ特許条約は、ECを中心としたヨーロッパ各国の特許を単一の手続きで与えるようにした取り決めです。*

　さて，個別に要件を見ていきましょう。

### ❖自然法則の利用

　自然法則とは，**自然科学上の因果律に従った原理・法則**を言います。したがって，ゲームのルール，暗号作成方法，金融保険制度，課税方法などは，人為的な取り決めであるため，この要件を満たしません。記憶術や速読術などの精神活動に基づくものや，経済学上の法則など学問の法則なども自然法則にあたりません。「発明」という言葉はあまりにも一般化しているため，しばしば誤解されがちです。俗に「発明」といわれているものでも，特許法にいう発明にならないことも多々あります。

　また，自然法則の「利用」とあるので，たとえば「万有引力の法則」や「ピタゴラスの定理」もそれ自体は「利用」にあたらないため特許になりません。つまり，「発見」と「発明」は区別されるのです。しかし，発見から発明に繋がる場合が多いことも事実です。そういった発明は基本的技術として大きな技術の発展をもたらすこともあるので，両者は密接な関係にあるといえるでしょう。

❶特許法 ► 33

❖技術的思想

　技術的思想は，「反復可能性」ないしは「実施可能性」があるかで判断することができます。つまり，技術というからには，一定の結果に達するための具体的手段が合理的に説明されるべきであって，繰り返して実施できないものは発明にあたりません。

　この要件を満たさない代表例が「永久機関」です。外部からの動力エネルギーを使わずに、自分自身の生み出すエネルギーで自分が動作を続ける機械のことです。特許庁は、自然法則に反するため、発明に該当しないとしています。

　特許庁の審査基準では，以下に挙げるものを技術的思想にあてはまらないとしています。

①技能
②情報の単なる提示
③単なる美的創造物

　技能とは，たとえば奥義や秘伝といった個人的な能力に起因するもので，再現性がないものです。このような個人の熟練によってなしうるものは，客観的に第三者に伝達することはできませんね。

　技術・技能を『ボーリング上達法』などとして本にして出版すれば、著作権の保護を受けることはできるかもしれません。しかし、これは別問題です。

また，③美的創造物は，デザインを保護する意匠権や著作物を保護する著作権の保護範囲になるため，特許法では保護の対象とされません。

## ❖創作性

「自然法則の利用」でも述べたように，「発見は発明にあらず」です。ですから，ニュートンが木から落ちるりんごを見て万有引力の法則を「発見」しても，特許の対象にはなりません。

「発明」であるためには，自然界の中にあるものを発見するのではなく，**それ以前にはなかったものを造り出さなければならない**のです。これが，**創作性**の要件です。

つまり，発見した原理や法則を応用したアイデアであれば，特許になります。たとえば，1895年エックス線を発見したレントゲンも，「エックス線装置」としていれば特許が取れていたことでしょう。

発見をある特定の目的を持って利用した場合は「方法の発明」になります。微生物・抗生物質など天然物であっても，分離・抽出・精製するなどして人為的な操作を加えて機能を解明したものは，**物質発明**として認められます。

また，公知技術の用途を変更して構成された発明は，**用途発明**として特許されます。既存物であっても新たな機能を解明したものは特許の対象となるわけです。

1938年，スイスのガイギー社（現在はノバルティス社）のP・ミュラー博士が，ジクロロジフェニルトリクロロエタン（DDT）という化合物に優れた殺虫機能があることを発見しました。DDTという物質自体は，1874年にすでにドイツの学者によって合成された既知の化合物でした。ですが，それに殺虫機能が内在することは解明されていなかったので，新たに保護

**❶特許法 ▶ 35**

の対象となったわけです。

### ❖ 高度性

　高度性の要件は，主に実用新案権の対象である「考案」と区別するために用いられるに過ぎません。実際には，特許庁の審査でも学説でも，この要件は重要な意味を持ちません。

　実用新案法では「考案」が保護対象であり，ちょうど特許法の保護対象「発明」に相当します。しかし，「考案」には「発明」で要求される「高度なもの」という要件はありません。「考案」は，「発明」と比較して低度なものと言えるでしょう。

### ❖ 発明の種類

　特許法では，まず発明を「**物の発明**」と「**方法の発明**」とに分けています。さらに方法の発明を①「**単なる方法の発明**」と②「**物を生産する方法の発明**」に分けています。

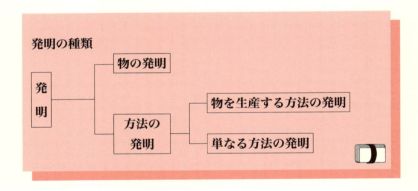

一般的に，「物の発明」は，発明が物品として現れているもので，名称としては，語尾に「〜装置」とつくことが多いようです。物の発明は，物そのものの発明であるため，「物」の生産，使用，譲渡等に保護が及び，方法の発明に比べ保護範囲が広いと言えます。

　また，物の発明において当該物の構造や物性が特定できない場合には，その生産方法によって物を特定することができます。例えば遺伝子関連発明において，塩基配列が特定できない場合でも，遺伝子の機能，製法などの組み合わせによって特定が可能です。

　このような記載方法をプロダクト・バイ・プロセス・クレーム（product by process claim）といいます。詳しくは特許出願，特許権の保護範囲のところで説明します。

　「方法の発明」は，発明が一定のプロセスを要件として成り立っている場合を言います。具体的には，物質を合成する温度，分量，時間などを変えることで，より高い効率が得られた場合などがそうです。「単なる方法の発明」の場合，通信方法や燃焼方法など生産物を伴わないすべての方法が含まれますが，保護範囲は，「方法」の使用に限られます。

　一方，「物を生産する方法の発明」は，たとえば，ある物質を合成するのに，従来の方法より効果的な方法を作った場合などがそうです。この種の発明の実施は，「方法」の使用はもちろん，その方法によって生産した「物」にまで及び，「物」の生産・使用も実施範囲となります。したがって，単なる「方法の発明」より効力の範囲が広いのが特徴です。

ですから，より強力な特許を望むのなら「物の発明」もしく
は「物を生産する方法の発明」として表現する工夫をすると良
いでしょう。

*ここは、弁理士の腕の見せ所です。*

**発明の種類と実施行為**

| 発明の種類 | 保護範囲（実施行為） |
|---|---|
| 物の発明 | 「物」の生産，使用，譲渡など |
| 単なる方法の発明 | 「方法」の使用 |
| 物を生産する方法の発明 | 「方法」の使用，「物」の生産・使用など |

　発明は特許法で規定される上記の分類の他にも，いろいろな
角度から分類することができます。前述の**用途発明**や**物質発明**，
先行技術を改良した**改良発明**などがそうです。また，重要な概
念である**職務発明，業務発明**については後述します。
　最後に「未完成発明」の概念を紹介しておきましょう。次ペー
ジのコラムをお読み下さい。

38

コラム

### 【未完成発明】

　危険防止，安全確保が十分でない発明は，発明として完成しておらず，よってその保護は否定されてしまうのでしょうか?

　1972年に特許庁が示した審査基準では，単なる発見や，自然法則に反するものは「非発明」としてもとより保護の余地はないとされています。そして，もう一つ「未完成発明」も保護されないとされていました。「未完成発明」とは，例えば出願時には目的達成するにいたっていないものの，将来発明が完成する可能性がある発明などを言います。また，最高裁は，「特許制度の趣旨に照らして考えれば，その技術内容は，当該技術分野における通常の知識を有する者が**反復実施**して目的とする技術効果を挙げることができる程度までに**具体的・客観的**なものとして構成されていなければならないものと解するのが相当であり，技術的内容が右の程度にまで構成されていないものは，発明として未完成のものであって，特許法2条1項に言う『発明』とはいえない」と述べています。

　原子力エネルギー発生装置について，原子核分裂に不可避な危険性を伴うにもかかわらずそれを抑止するための具体的方法が示されていないことから未完成発明とされた判例があります。

　確かに，未完成発明は，特許法の目的である技術の進歩に貢献しないため特許に値しないとする意見もあります。しかし，発明の目的が危険防止・安全確保でない場合には，安全性を発明の完成の要件とするべきではないでしょう。

　将来的には改良発明によって内在していた危険が取り除かれる可能性もあります。その場合，危険性が高いという理由で，偉大な発明にもなりうるパイオニア特許を出願するインセンティブを奪いかねません。その結果，最先端技術が早期に公開されないことで，ひいては技術の進歩に貢献しない可能性も考えられます。判例では，現行法下では内在する欠点が発明の実施を不可能にさせる場合を除いて保護すべき，と判示したものがあります。

## ● 2 ●
# 特許権は誰のものか

　特許権の帰属を考えるとき，まず，**発明者主義**という考え方があります。発明者とは**真に発明をした自然人**を言います。

*法律用語では、人のことを特に「自然人」と言います。*

*これに対し企業などは、「法人」と呼ばれます。*

*特許権法では、一定の条件を満たす場合に法人も特許権者になることがあります。*

*また、著作権のところで詳しく説明しますが、著作権法では、法人も著作者になることがあります。*

　では，具体的にどうすれば「発明者」となるのでしょうか？たとえば，単なる研究開発中の単なる補助者，助言者，資金提供者，指揮監督者などは発明者ではありません。やはり，**発明の具体化の過程に主体的に関与した者**が発明者になります。また，法人は自然人ではないので，特許権者になることはあっても発明者になることはありません。これは，直接規定されているわけではありませんが，36条1項から導かれます。

　発明者には，財産的な**「特許を受ける権利」**と，人格的な**「発明者名誉権」**が原始的に帰属します。

　「発明者主義」とは，つまり，**発明者のみが原始的に特許権を取得できる**とする建前を言います（特許法29条1項）。これに対し，「出願者主義」は，実際に出願した者に特許を付与するものですが，現在採用している国はありません。

40

**発明者主義**
**特許権＝原始的に発明者に帰属**

### ❖発明者名誉権

　**発明者名誉権**とは，具体的には，願書（36条1項2号），公開特許公報（64条2項3号），特許証に自己の氏名を記載される権利です。その名前のとおり，人格権の性質が強く，一身専属の権利です。この権利の侵害に対しては，民法709条の不法行為として訴えることができます。たとえば，冒認出願で偽って自己が発明者である旨を記載した場合などがこれにあたります。しかし，これが誤記であった場合に，特許無効の事由にはなりません。

　*冒認出願とは、発明者またはその承継人以外の者による*
*無断出願を言います。*
　*冒認出願については後で説明します。*

### ❖特許を受ける権利

　**特許を受ける権利**とは，特許登録前に発明者が有する権利を言います（29条1項）。発明と同時に発明者に原始的に帰属します。発明者の国に対する特許付与請求権であり，発明者名誉権に比べてこちらは，財産的な権利と言えます。ですから，財産的権利という性質上，一身専属の権利ではなく，譲渡が可能です（33条1項）。

　しかし，特許を受ける権利自体には他人の無断実施に対する差止請求権が規定されていません。出願公開後であれば，補償金請求権（65条）の規定によって保護されます。では，特許

**❶**特許法 ► 41

登録前の発明が他人に無断で実施されたときはどのように対応すればよいのでしょうか？

発明には，本来他人に知られていない有用な情報が含まれています。発明に内在するこれらの情報が，①秘密管理性②有用性③非公知性の3要件を満たす場合には「トレードシークレット（営業秘密）」として「不正競争防止法」により保護されます。これにより，被侵害者には差止請求権が認められ，特許登録前の発明への保護を図っています。トレードシークレットについては，2章(不正競争防止法)で詳しく説明します。

発明者が複数であれば，特許を受ける権利を共有することになります。そのため，出願も共有者全員でしなければならず(38条)，共有者の一人による出願は拒絶されます（49条2号）。たとえ登録されても，登録は無効となります（123条1項2号）。また，特許を受ける権利の各人の持分は，他の共有者の同意がなければ譲渡等できません（33条3項）。

## ●3●
# 冒認(ぼうにん)出願

**冒認出願**とは，発明者またはその承継人以外の者による無断出願を言います。権利のない者による無断出願であり，特許を受けることはできません（49条7号）。また，誤って登録されてしまった場合は，その登録は特許無効審判により無効となります（123条1項6号）。そして，真の発明者には，先願主義の例外として後からの出願が認められます（39条6項）。

*先願主義とは真の発明者が複数いる場合に、最も早い出願人にのみ、特許が与えられるとする主義を言います。詳しくは後述します。*

ただ，冒認出願による発明の公開によって，特許登録要件の

ひとつである新規性（29条1項3号）が失われています。しかし，これは意に反する公知（30条1項）ですから真の発明者による特許登録は受け入れられます。もっとも，冒認出願による公開後6ヶ月が経過すると特許が受けられなくなるので注意が必要です。この期間が過ぎてしまうと，冒認出願した者はもちろん無効とされたため権利がなく，しかも真の発明者も権利を持たないため，その発明は万人が使える技術となってしまうわけです。

さて，世紀の発明をしても，他人に特許を取られていたのでは苦労も水の泡になりかねません。冒認者に対してどのような対応がとれるのでしょうか？

登録前であれば，特許を受ける権利によって，確認請求をします。また，出願人名義変更を請求することもできます。

間違って登録されてしまった場合は，損害賠償請求や，さきほども触れた無効審判請求しか方法はありませんでした。しかし，真の発明者が，6ヶ月以内に気づいて出願することができなかったために，特許が取れなくなるケースが問題視されていました。

そこで，平成23年の改正で，真の発明者が特許権の移転を請求することを認め，特許権が獲得できるようにしました。

**冒認出願＝権利のない者による無断出願**

## ●4● 先願主義

**先願主義**とは，真の発明者が複数いる場合に，最も早い出願人にのみ特許が与えられるとする主義を言います (39条)。

これに対する概念として「先発明主義」があり，2013年まではアメリカで採用されていました。先発明主義では，出願の早い遅いにかかわらず先に発明した者に特許が与えられます。しかし，誰が先に発明したかというのは，たとえ，発明日誌をつけておいて証拠として提出しても，その判断は難しいものです。

また「サブマリン特許」といって，出願公開された発明と同じ発明を後で発表し，先に公開していた者に対して「先に発明したのはこちらだ！」と訴え，損害賠償を請求する悪質な手口が問題となっています。「サブマリン」は，「潜水艦」という意味です。同じ発明が発表されるまではじっと潜って姿を隠していて，後で突然姿を現して「損害賠償攻撃」をすることからこのような名前がつきました。

日本をはじめ欧米の国の多くが先願主義を採用するのは，なにより①**法の安定性**と②**出願・公開の促進**を優先しているからです。「サブマリン特許」のような行為は社会的にも許されるものではなく，先発明主義は法的な安定性が保ちにくい考え方です。特許法の目的にもあるように，新しい発明は特許として出願し，その技術が積極的に公開されることが，産業の発展にも好ましいといえるでしょう。

---

**先願主義の目的＝①法的安定性　②出願・公開の促進**

## コラム

### 【特許をとらなかったテレビ】

　せっかく発明したのに，先に出願して特許をとらなかったために保護されないこともあります。さらに不幸なことに，その権利を他人に先に取られてしまって自分でその発明を使えなくなってしまうという悲惨なケースもあるようです。

　わが国では，従来，研究者や学者は研究熱心なのですが，特許にあまり敏感ではありませんでした。

　1926年のことです。当時，浜松工業高等学校（現在の静岡大学工学部）の助教授であった高柳健次郎は，世界で初めて電子式テレビを完成させました。しかし，世界的にはテレビの発明者はアメリカのツボルキンとなっています。これは，高柳氏が実験を行った1年後に特許出願したことで遅れを取ったためでした。これは大変な悲劇です。その後高柳氏もこれに懲りて，アイデアがまとまるとすぐに出願するようになったそうです。

## ●5● 職務発明

**職務発明**とは「従業者等がした発明であって,その性質上当該①使用者等の業務範囲に属し,その発明をするに至った行為がその使用者等における②従業者等の現在または過去の職務に属する発明」を言います(35条)。ここで,「従業者等」とは,通常使用者等と雇用関係にある者をいい,「使用者等」は他人を雇用する自然人,法人などが主にこれにあたります。

発明者主義の建前から,特許権は原始的には従業者に帰属するものの,使用者は法定通常実施権を有します(35条1項)。

もっとも,35条3項において,職務発明に関する特許を受ける権利を初めから法人帰属とすることを許容しています。この場合,実際に発明をした従業員等は,自己の貢献に見合った「相当の利益」を受けることができます(35条4項)。

この規定は,企業が円滑に特許を活用できるようにするとともに,一般的に使用者より弱い立場に置かれる従業員の保護を図るためのものです。職務発明に当たるためには,1項から導かれる次の要件を満たす必要があります。

---

**職務発明の要件**
①使用者の業務範囲
②従業者の職務範囲

---

①**使用者の業務範囲**は,通説では,使用者が現に行っている,または将来行うことが具体的に予定されている全業務を指します。

②**従業者の職務範囲**には，学説上争いがあります。企業による研究開発投資の保護を優先するか，企業内発明者の研究の自由保護を優先するかが争点となります。ここで，わが国の特許政策として，どちらを重視すれば総体的に特許法の目的である発明促進となるかがポイントとなります。

このように学説や判例などに争いがある場合、当該法律の目的・趣旨をどう理解するかが結論の分かれ目となることが多くあります。ですから、法目的の理解は、個々の論点の結論に大きく影響する重要なポイントとなります。

　これらを総合的に勘案すると，やはり，従業者の職位，給与，利用設備，使用者の寄与等を個別に判断していくことになるようです。ですから，必ずしも具体的に指示された職務には限られません。ただ，職務発明は従業者による発明であることが前提であり，退職後に完成した発明は含まれません。

ただし、35条1項に規定されるように、従業者の「過去」の発明は含みます。

　では，具体的に使用者である会社側から反対されたにもかかわらず，発明を続けた場合はどうなるのでしょうか？これが，あの有名な「青色発光ダイオード事件」です。

❶特許法 ▶ 47

## コラム

### 【「相当の利益」をめぐる論争】

特許法 35 条 3 項で，職務発明について，「従業者が使用者に対して特許を受ける権利を承継させたときには，相当の利益を受ける権利を有する」と規定しています。

しかし，職務発明の対価は，従来からほとんど出ないか，あるいは低額という場合が多かったようです。その理由として，企業の利益は発明によってのみ得られたのではなく，営業・広報など多くの非開発関連部署の協力があって成しえたことだという考えがあります。発明者のみに報酬を与えるなどの特別扱いをするのは，他の従業員に対して不公平になるという考え方です。

一方，「相当の利益」の額の算定は不可能に近いことも，使用者が支払いをしぶる理由としてよく挙げられます。また，特許を多く保有する使用者にあっては，その管理費が経営を圧迫する可能性もあり，一部では経営リスクになるとまで言われています。

このような理由から，従来非常に低く見積もられていた対価でしたが，「オリンパス事件」をきっかけとして世間の議論を呼ぶようになります。この後も，「日亜化学事件」，「日立製作所事件」，「味の素事件」と立て続けに提訴が続いたことで，いっそう注目を浴びるようになりました。

では，「相当の利益」はどのように決定されるべきなのでしょうか？

特許法 35 条 5 項，7 項が，次のように定めています。

まず，当事者の協議等で定められた基準がある場合は，その基準に従って利益が付与されます。

そのような基準がない場合や，基準があってもそれが不合理である場合には，発明により会社が受けるべき利益の額，その発明に関連して会社が行う負担・貢献・社員の処遇，その他の事情を考慮したうえで，利益が付与されます。

もっとも，会社が「相当の利益」について適正な判断をすることは難しく，過去には幾度も訴訟が起きています。

　この相当の利益をめぐって，最も注目を集めていた事件の判決が2004年1月31日，東京地裁で出ました。青色発光ダイオード(LED)の発明者である中村修二・カリフォルニア大学サンタバーバラ校教授が，発明当事在籍していた日亜化学工業に発明の対価として200億円の支払いを求めていた訴訟です。東京地裁は，請求通り日亜側に200億円支払うように命じました。日本では今までにない高額の支払いとなり，産業界は大きなショックを受けました。

　「青色LED」は"夢の技術"といわれ，20世紀中の開発は困難とされていました。このノーベル賞級の発明に対して，中村氏には2万円の報奨金しか支払われませんでした。そこで，相当の対価を求めて，中村氏が訴訟を提起したわけです(なおこの裁判はその後2005年1月11日に控訴審の東京高裁で和解が成立し，日亜側が8億4391万円を支払うことで決着しました)。

## ●6● 特許出願

特許を取得するためには，まず，手続きとして特許庁に対して特許出願をしなければなりません。特許法では，口頭で発明の説明をしても特許を付与することはなく，手続きは書面を通じて行われます (**書面主義**)。現在では，オンライン出願も認められていますが，書面主義と基本的な考えは変わりません。また，言語は，日本語 (36条) または外国語 (36条の2) を選択することができます。　*外国語は英語です。*

出願には，通常以下の書類が各1通必要です (36条)。

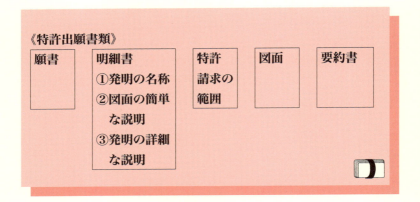

《特許出願書類》
- 願書
- 明細書
  ①発明の名称
  ②図面の簡単な説明
  ③発明の詳細な説明
- 特許請求の範囲
- 図面
- 要約書

中でも特に重要なのが，特許請求の範囲（クレーム）です。発明を特定する事項を記載するもので，これがその特許の権利範囲となるので特に注意が必要です。また，③発明の詳細な説明は，特許請求の範囲をサポートする資料となります。もっぱら，技術を万人にわかるように開示することによって，技術革新を促進することを目的としています。よって，説明は当業者

にとって**実施可能性がある程度に，明確かつ十分**に記載されなければなりません。

また，発明の内容理解を助けるために図面を添付しますが，化合物の合成方法などのように図面を必要としない発明の場合は添付しません。

### ❖方式審査

ただ，出願をしただけでは権利は取得できません。出願すると方式審査があり，出願から3年以内に出願審査請求をした場合に実体審査が行われます。

**方式審査**とは，願書や明細書などの出願書類が特許法に定める手続き的要件を満たしているかを審査することを言います。特許すべきかどうか判断する「実体審査」とは区別されます。

この方式審査で出願書類に不備が見つかると，特許庁長官の名で出願書類の不備の補正が命じられます。

*補正については後で詳しく説明します。*

また，願書に明細書が添付されていないとか，特許出願か実用新案出願かわからないなど，出願に大きな欠陥がある場合には，補正ではなく却下処分となります。ただ，いきなり却下というわけではなく，出願人には弁明書の提出の機会が認められています。ここで，この却下処分に不服があれば行政不服審査法に基づく審査請求や，行政事件訴訟法に基づく訴訟を提起することができます。

❶特許法 ▶ 51

## ❖出願公開制度

　出願すると，1年6ヶ月経過後に，公開特許公報へ，強制的に全文掲載されることとなります（64条1項）。これは，企業が，すでに誰かによって特許出願されている発明のために重複的に研究投資を行うのを防ぐ役割を果たします。

　ここで注意すべき点は，出願・公開されたとしても登録されたことにはならない点です。かつては，出願・公告されることは，すなわち登録を意味していました。現在では，発明を公開することの「代償としての特許」という性格は薄れたと言えるでしょう。

## ❖補償金請求権

　ところで，公開によって万人が模倣可能となった場合，登録前であれば権利性もないため，代償としてなんらかの保護が必要になります。これをカバーするのが，**補償金請求権**の制度です。あらかじめ書面で警告をしたにもかかわらず，または悪意で，登録の間までになされた当該発明の無断実施については，実施料相当額の支払いを請求することができます（65条）。差止請求はできませんが，お金で解決しようということですね。

　なおこの権利の行使は，特許権の設定の登録があった後でなければできません。

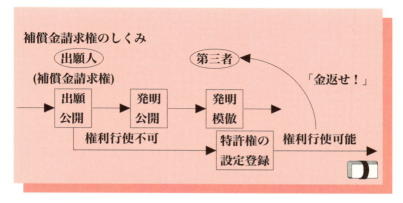

### ❖審査請求制度

**審査請求制度**は，出願から3年以内に請求があった出願のみを実体審査するシステムを言います。

審査請求がない出願は「取下げ」とみなされるので注意が必要です。審査数の抑制が目的ですが，同時に，「特許をとる必要があるかはわからないがとりあえずとっとけ」とする防衛出願や，過誤出願を排除するためにも重要な制度です。ただし，平成26年の法改正で，災害などのやむを得ない事由で出願審査請求ができなかった場合には手続期間が延長されることになりました。

審査の結論を査定と言います。審査の結果，特許を付与する場合「特許査定」を，残念ながら特許が認められない場合「拒絶査定」を受け取ることになります。詳しくは補正，査定，審判のところで説明します。

● 7 ●
## 実体的登録要件

ここで，特許権取得までの道のりを示しておきましょう。さきほどは，発明性の要件や出願書類など**手続的要件**（＝方式審

査）を満たすか否かが問題でしたが，次は，実体的な登録要件を満たすか判断しなければなりません。

**方式審査に対して、実体審査といわれます。**

たとえば，「発明」であっても，それが誰かによって発明され既に使用されている発明であった場合は，その発明に対して新たに特許を与えることはできません。ですから，「発明」であり，かつ，「登録用件」も満たす必要があるのです。その後は，流れとしては，最後に実体的登録要件を満たせば特許権取得になります。

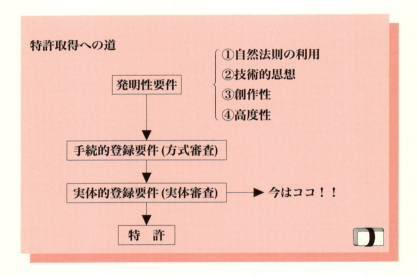

実体審査では，特許庁の審査官が，当該発明が「特許を受けることができる発明」かどうか，拒絶理由がないかなど調べます。具体的には次のような要件を満たす必要があります。

① 新規性 (29条1項)
② 進歩性 (29条2項)
③ 産業上の利用可能性 (29条1項柱書)
④ 不特許事由 (32条) にあたらないこと

　上記の①②③は満たすべき要件ですが，④は満たさないことが要件なので注意してください。
　では詳しく説明していきましょう。

### ❖新規性

　**新規性**の要件は，新技術開発を促進し，ひいては産業の発展を促進する目的で設けられています。新しくもない技術に特許を与え独占を許すと，不当な独占となり社会の害になりかねません。
　実際条文は，原則は「新規性あり」と判断しながら，例外的に「新規性喪失事由」を認めるという形をとっています。新規性を喪失する事由としては，以下が挙げられます。

**新規性喪失事由**
① 公知
② 公用
③ 刊行物記載
④ 電気通信回線による公衆利用可能

## ①公知

公知とは,「公然と知られた」という意味です。「公然と知られた発明」とは,どんな発明なのでしょうか?

たとえば,知られている人達が,コントロールできる範囲のごく少数で特定者なら非公知と考えられるでしょう。要は,公然と「知られうる」状態であれば,公知となります。29条の2によると,たとえ公開されていなくても先願の明細書・特許請求の範囲または図面に記載されている場合,公知とみなされます。順番としては,先願→後願→先願公開の流れになった場合ですね。

## ②公用

公用とは,「公然と実施された」という意味です。

## ③刊行物記載

「刊行物」に記載されている場合は,新規性を喪失します。「刊行物」とは,公衆に対して頒布により公開することを目的として複製された文書・図画等の情報伝達媒体を言います。たとえば,特許公報や学術雑誌などがこれにあたります。刊行物は紙媒体・活字に限らず,マイクロフィルム・CD-ROM等も刊行物となります。

以前は,「頒布された刊行物」とは何かという議論がありました。外国特許公報の原本のみが公開されている場合に問題とされたのです。具体的には,①複製を許していない場合,②複製は許されているが誰も複製していない場合が争点となりました。現行法では,①の場合でも外国における「公知」として新規性の喪失になるので問題はありません。

#### ④電気通信回線による公衆利用可能

　「電気通信回線」とは，インターネットのことであり，インターネットを通じ公衆に利用可能となった発明は新規性を失います。インターネット時代に対応して新たに加えられた規定です。

　「利用可能」とは，**サーバへの掲載時点**をいい，その時点で新規性を喪失します。ここで，内容や日付の真正性をどうやって担保するかという問題があります。インターネットの性質上，いつでも書き込みが可能なため技術的に問題が生じるということです。

　また，特別なブラウジング技術により初めて閲覧可能となるような情報はどのように扱うかという問題もあります。つまり，ブラウジング技術というプロテクションによって保護された情報を，公衆に利用可能な状態と解釈してよいかという問題です。これらは，これからの解決されるべき課題と言えるでしょう。

　最後に，「新規性喪失の例外」について話しておきましょう。例外の例外なので，結局，**発明は新規性を喪失せず，特許が取れる場合**の話になります。

　これは，どうしても先に発表したい発明者の気持ちをいくらか考慮した規定で，公知になった後でも6ヶ月の猶予期間を認めています。以下にあげる場合には，公知でありながら，6ヶ月は新規性喪失とはなりません（30条）。

**❶**特許法 ▶ **57**

**新規性喪失の例外**
**①意に反する新規性の喪失 (30条1項)**
**②行為に起因して新規性を失った場合 (30条2項)**

### ①意に反する新規性の喪失

特許を受ける権利を有する者の「意に反して」とは，発明が漏れないように十分に注意していたにもかかわらず公知になった場合です。

また，代理人等の故意または過失などによって発明が漏れてしまった場合もこれにあたります。

### ②行為に起因して新規性を失った場合

特許を受ける権利を有する者が，特許出願よりも前に発明を発表してしまった場合に，発明者を救済しようという趣旨です。学会や学会誌での発表が典型です。

### ❖進歩性

先行技術（公知発明）に照らして，「その発明の属する技術の分野における通常の知識を有する者（当業者）」が「容易に到達できたはず」の発明は特許を受けることができません。

著作権法のように多様に違う個性が認められる世界とは違い，技術レベルの優劣を厳しく判断するのが特許法の世界だからです。

ですから，たとえ新規なものであっても既存の技術からの進歩が見られない技術は独占権を与えなくとも自然に開発されると考えられます。

また，ありきたりな既存の技術の独占を認めることは，当業者にとって弊害となるものです。
　しかし「当業者」とは決まった定義があるというよりは，観念的存在です。そのため，どうやって分野を区切るかがしばしば争点となります。技術の細分化や技術の転用可能性が，その判断を難しくしている原因です。
　「容易な発明」は進歩性が失われます。しかし，たとえ先行技術を利用したものであっても，その組み合わせや限定等どこかに進歩性が見られれば，その「部分」について特許を取得できます。
　他にも，全く異なる構成であるか，または構成が類似でも作用効果に顕著な差異があれば，進歩性が肯定されることがあります。
　たとえば「数値限定」の化合物などがこれにあたります。次の式を化学式だとして見てください。

A＋B＝C

　このような化学式で得られた物質Cに特許がとられていたとします。
　この時，A＋Bと化学式が同じで，できる物質Cも同じでも，合成温度を「300度」に設定することでより早く作れることがわかれば，「300度」の部分について特許をとることができるのです。

ここまで述べてきた「新規性」と「進歩性」の要件を，関連付けてまとめると以下のようになります。

| 新規性を欠く | 先行技術（公知発明）と同一の技術 |
| 進歩性を欠く | 既存技術（公知発明）から容易に到達できる技術 |

❖**産業上の利用可能性**

　特許庁の審査基準には，「産業上利用することができる発明に該当しないものの類型」のいずれにも当たらないものは，原則として「産業上利用することができる」に該当する，という分かりにくい要件があります。つまり，原則は利用可能であるが，以下の場合には限定的に利用不可能とされます。

**例外的に産業上の利用可能性がないとされる場合**
①医療行為
②個人的・学術的行為
③実施不可能な行為

①**医療行為**

　実際，医療行為が例外の産業に入ることにはさまざまな論争があります。そもそも，医療行為が除外されたのには，医療が

「仁術」であり，特許競争にはなじまないという考えがありました。たとえば，特殊な手術方法や治療行為が必要な患者がいたとします。

もしもその手術・治療方法が特許権で保護されているとどうなるでしょう？

他の医師では実施できない，あるいは高額の実施料を払わなければならないとなると，患者がそれを負担できない場合治療が受けられないことになります。そんなことは人道上許されないというわけです。また，特許されることによってその医療行為が安全であるとの誤解が生まれかねないという危惧も背景にありました。

しかし，最近では遺伝子治療や再生医療などの高度な医療産業が登場したことから，特許がとれないのであれば，産業として発展しなくなるのではないかと考えられました。

そこで，「医師の行為に係る技術」と医療機器・医薬に関連する「物」に由来する技術を分け，主に「物」に由来する技術に関して検討がなされました。結果，医師の行為に係る技術（手術，治療，診断方法など）は特許の対象にならないが，「医療機器の作動方法」については特許の保護対象となりました。

この分野で参考となるのが，アメリカでの運用方法でしょう。アメリカでは，1996年の法改正で，治療・診断・手術方法も特許対象としました。その上で，特許権の効力を医師の実施には及ばないとしたのです。すなわち，医師が特許権を侵害しても，特許権者は訴えることはできないとしたのです。しかしこれでは，特許をがんばって取得する意味がないようにも思われます。ただ，医師以外でも行えるような「育毛方法」の特許などは，医師以外の者に対してなら権利行使が可能です。

さて，バイオテクノロジーの進展の一環として，再生医療や

遺伝子治療関連技術が生まれたことは先に述べました。これらの技術というのは、「同一人に戻すこと」を前提とした先端技術です。

*これを「自家」移植と言います。これに対し、他人に移すことを「他家」移植と言います。*

従来から、血液や細胞などを体外で処理して人体に戻す発明は、産業上の利用可能性がないとされていました。というのは、発明のための原材料が人体の一部であり、それを他人に移すならまだしも、同一人に戻すことは医療行為ではないかと考えられていたからです。

しかし特許庁は、平成15年8月の審査基準改定により、人間から採取したものを原材料として血液製剤・ワクチン剤等の医薬品、人口骨・培養皮膚シート等の医療機器を製造するための方法は、たとえ自家移植であっても特許の対象とするとしました。ちなみに、この技術はアメリカやヨーロッパでも特許権が認められています。

### ②個人的・学術的行為

個人的・学術的行為とは、「タバコの吸い方」や「大学での実験にのみ用いる機器」等のことです。しかし、実際は技術の転用可能性を否定できません。また、学術的行為については、「大学」という市場を対象とする「産業」へのインセンティブを与えるためにも、「産業上の利用可能性」を否定するべきではないと思われます。

### ③実施不可能な行為

実施不可能な行為とは、特許庁審査基準の例では「オゾン層減少に伴う紫外線の増加を防ぐために、地球表面全体を紫外線

吸収プラスティックフィルムで覆う方法」が挙げられています。

　ここで「産業」は，特許庁審査基準によると，「製造業以外の，鉱業，農業，漁業，運輸業，通信業」なども含まれ，広義に解釈されています。つまるところ，技術の発展が不要な分野というのはないわけで，概念的に「産業」性を否定すべきではないでしょう。

## ❖不特許事由

　かつて，旧特許法32条1項には，**産業政策的観点から不特許**とされていたものの規定がありました。昭和50年改正で廃止された，飲食物・嗜好品，化学物質，医薬や，平成6年の改正で廃止となった原子核変換の方法により製造されるべき物質がそうです。

　飲食物などは，なぜ特許できないのか不思議に思われるかもしれません。これには，当時の社会状況が背景にあります。昭和40年代までは食糧難の時代だったので，食べ物を独占することは許されなかったのです。つまり，特許法の目的に照らして，技術の発展よりも独占の弊害のほうが大きいと判断される技術分野は不特許となるわけですね。

　化学物質が特許できなかったのは，別の理由がありました。これは，当時まだ，日本の化学分野の技術水準が，国際水準と比べて低く競争力がなかったためです。特許を認めてしまうと，技術水準が発達した外国人が技術を独占することになるため，あえて特許能力を認めなかった例です。こうして自国の産業発展を保護していたのです。インドも同じ理由で，自国の弱い化学分野については特許を認めなかったのですが，現在では，TRIPs協定によって全ての技術分野で特許性を認めることが締約国の義務となっています。

また，**公益的理由から不特許**とされることがあります。偽造紙幣印刷機や，わいせつ器具，麻薬吸引機などは，いかに技術的に優れていても，**公序良俗に反する技術**であり，特許という国の「お墨付き」を与えるのは不当なためです。

## ●8●
# 補正，査定，審判，不服申立て

出願，方式審査，審査請求，実体審査と順調に進めばいいのですが，書類に不備があったり，特許請求を拒絶する理由が示されたりすることもあります。ここでは，出願から登録までの流れの中で，出願人がしなくてはならない手直しの作業や，特許庁の判断に不服がある場合の申立て手順などを勉強していきます。

### ❖補正

**補正**とは，特許出願後・登録前における出願書類の補充・訂正を言います。出願した後に，特許請求の範囲や明細書の記載に不備が見つかることがあります。このような場合には，手続補正書により出願書類を補正することになります。

わが国は，先願主義を採用していることもあって，特許出願を急ぐあまり記載漏れや不明瞭な箇所が後から見つかることもまれではありません。この場合に，手直しの機会を認めないようでは出願人に酷でしょう。

しかし，出願時には考えてもいなかった発明を後から付け加えたり，発明の権利範囲を何度も変更することは許されません。補正された内容は出願の日に遡って効力が生じるため，このような補正が何度も許されては，先願主義を採用している意味がなくなってしまうからです。ですから，補正できる時期・内容には一定の制限が加えられています。

補正には，特許庁の命令で補正する**命令補正**と，出願者が自ら申し出る**自発補正**の2種類あります。なお，どちらの補正も補正書の書き方は同じで，オンラインでも提出が可能です。

## ❖査定

「**査定**」とは，審査の結論を言い，「**特許査定**」と「**拒絶査定**」があります。

拒絶査定は，特許庁が拒絶理由を通知した後，出願者の意見書提出の機会を経たのちに出されます（50条）。拒絶査定に不服がある場合，拒絶査定不服審判を請求します（121条）。拒絶査定謄本を送達した後3ヶ月以内に審査請求がない場合には，査定は確定します。

特許査定がおりた場合，特許査定謄本送達から30日以内に特許料を納付しなければなりません。最初に3年分を一括で支払います。この期間内に納付しない場合，出願は無効となるので注意してください（112条4項）。

そして，**特許登録原簿への登録を経て，晴れて特許権が発生します**（66条）。特許証の発行，特許公報への掲載なども付随的な作業として並行して行われます。

「特許証」は、単に名誉的な意味しかなく、権利証の類ではありません。

## ❖審判

**審判**は，審査に対する不服申立てシステムの一つです。審判についての詳しい説明に入る前に，まず，不服申立てシステムの全体的な流れを簡単に見ておきましょう。

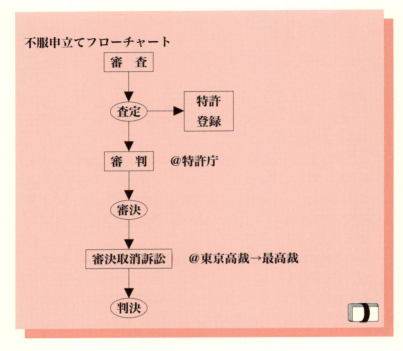

　審査の結果が「査定」，審判の結果が「審決」，裁判の結果が「判決」，と混乱しやすいので気をつけて覚えてください。

　通常，行政庁の処分に不服がある場合には，行政不服審査法に基づく不服申立てをすることができますが，特許の査定に関する不服には行政不服審査法が適用されず (195条の4)，上のフローチャートのような手続きとなります。

さて，審判の話に戻りましょう。

　**審判**とは，特許庁の行政処分（＝査定）に関する準司法的な争訟手続きを言います。審判は，特許を審査・判断した元審査官が審判官となり行われます。なぜ，通常裁判所における行政訴訟とは別に，特別にシステムがおかれているのでしょうか？

　ひとつには，**特許の技術的専門性**が理由として挙げられます。その専門性ゆえ，専門官庁においてもう一度レビューするほうが効率的というわけです。また，特許権の公共的性格から，広く**職権主義**による**審理**が望ましいと考えられるからです。たとえば，医療過誤訴訟と比べて考えてみてください。医療過誤裁判の効果は，当事者である医師と患者に及ぶのみですが，特許過誤訴訟の場合，その影響は当事者を含め対世的になるからです。しかし，行政官庁たる特許庁が恣意的に判断してもよいのかという疑問は残ります。

　審判の結論（＝審決）に対する不服申立てが，東京高裁の専属管轄になっているのは，審判を査定に対する第1審として位置づけているためでしょう。憲法76条2項では，特別裁判所を設けてはならないと定めていますが，終審でなければそれも可能です。

　審判の位置づけからも，それ相応に厳格な訴訟類似の手続きが求められるべきでしょう。

　では，審判の種類，手続きについて説明していきます。

　審判は，大まかに以下の三つに分けられます。

審判の種類
①拒絶査定不服審判
②特許無効審判
③訂正審判

## ❖拒絶査定不服審判

**拒絶査定不服審判**は，拒絶査定理由の当否を問うものではなく，特許性の有無自体をその対象とします。拒絶査定に不服がある出願人は，拒絶査定の謄本の送達があった日から原則3ヶ月以内に審判を請求できます（121条1項）。なお，この期間内に審判の請求のない場合は，拒絶査定は確定し，それ以降は救済手段がなくなるので注意が必要です。

審判の結果，拒絶査定を維持すると判断されると，審判請求棄却の審決が下ります。これに対してさらに不服のある出願人は，審決の謄本の送達があった日から30日以内に専属管轄裁判所である東京高裁に提起することができます（178条）。

*この結果にさらに不服があれば、最高裁に上告して訴えることになります。*

## ❖特許無効審判

**特許無効審判**によって，特許権ははじめから存在しなかったものとみなすことができます（125条）。

*「はじめから存在しなかったものとする」とは、法律用語では「遡及的に」と言い換えることができます。*

無効は，特許庁のみが行える処分であり，裁判所で無効の判

断・処分をすることはできません。

以前の特許無効審判は誰でもいつでも請求できましたが、特許権者にとってはいつまでも権利が不安定な状態に置かれるということで、問題視されていました。

そこで、平成26年の法改正で、①「特許異議の申立て制度」を創設し、特許から6ケ月間だけは誰でも申立てでき、②それ以降は、利害関係人のみが特許無効審査を請求できるという改正が行われました。

審判の結果、当該特許が無効であると判断された場合は、特許無効審決が出されます。逆に有効と判断されれば、無効審決請求不成立の審決が下りることになります。

### ❖訂正審判

**訂正審判**は、特許登録後に特許権者が、明細書・特許請求の範囲または図面を自ら訂正するために設けられた審判です。事後的補正を認める制度で、一部無効事由を排除し、有効な部分の共倒れを防ぐのが目的です。よって、補正事由よりは厳しい要件となり、限定列挙されている事由のほか、権利を拡張するような形での訂正はできません(126条)。

次ページの黒板に、三つの審判を図で比較してみました。

❶特許法 ▶ 69

|  | 誰が | 何に対して |
|---|---|---|
| 拒絶査定不服審判 | 拒絶査定を受けた出願人 | 拒絶査定 |
| 特許無効審判 | 利害関係人 | 特許査定 |
| 訂正審判 | 特許権者 | 特許査定 |

　最後に，**審決取消訴訟**について軽くふれておきます。
審決取消訴訟とは，特許庁の審決および審判等に対しての不服申立てのための訴訟の提起です。専属管轄は東京高等裁判所です (178条1項)。訴訟においては，審決が妥当か否かが争われます。

　訴えは，原則として審決または決定の謄本の送達があった日から30日以内に提起しなければなりません (178条3項)。証拠調べの結果，請求に理由があると認められるときには，裁判所は当該審決や決定を取り消さなければなりません (181条1項)。

　では，今までの不服申立てに関するすべてを図に表しておきましょう。

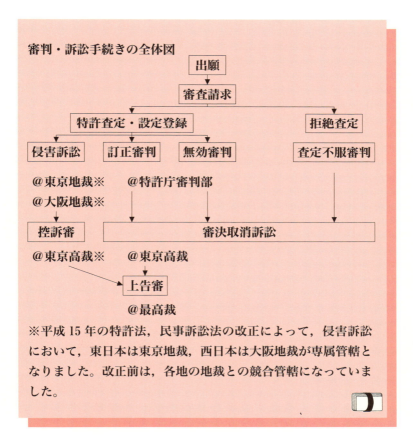

## ●9● 特許権の効力と保護範囲

　特許権者は、業として独占的に特許発明の**実施**をする権利を有します。したがって、第三者が無断で商業目的で当該発明を実施すると、権利侵害となって、権利者には、「差止請求権」、「損害額の推定」、「信用回復の措置」および、「刑事上の保護」が与えられます。

「業として」の実施に限定されているのは，「産業発達」という特許法の目的に照らして，産業発達を阻害しない非「業として」の実施については不問としたためです。つまり，「個人」ないし「家庭的」な実施のみを除外しようという意図です。ボランティアや官庁など営利性のない実施であっても「業として」の実施に当てはまります。また，製造設備や原子力発電など反復継続的な実施でなくとも「業として」の実施となります。

　また，自己の特許が他人の発明を利用している「利用発明」の場合，利用している特許の権利者の許諾を得ないと，自己の特許でも実施することができません。

　特許法2条3項に「実施」についての規定があります。これが，後述する特許権の保護範囲と密接に関係しています。全文を紹介しましょう。

---

**特許法2条3項**

この法律で発明について「実施」とは，次に掲げる行為をいう。

1. 物(プログラム等含む。以下同じ。)の発明にあつては，その物の生産，使用，譲渡等(譲渡及び貸渡しをいい，その物がプログラム等である場合には，電気通信回線を通じた提供を含む。以下同じ。)，輸出若しくは輸入又は譲渡等の申出(譲渡等のための展示を含む。以下同じ。)をする行為

2. 方法の発明にあつては，その方法を使用する行為

3. 物を生産する方法の発明にあつては，前号に掲げるもののほか，その方法により生産した物の使用，譲渡等，輸出若しくは輸入等の申出をする行為

よって，原則的に特許権が及ぶ範囲も，それぞれの発明の実施の範囲に限られます。

### ❖特許権の保護範囲

特許権の保護範囲を考えることは，つまり，**何を実施すると特許権侵害になるか**を考えるのと同義です。これには，三つのルールがあるので紹介しましょう。

**特許権の保護範囲**

| ①原則ルール | 「特許請求の範囲（クレーム）」に一致 |
| --- | --- |
| ②補足ルール | 「特許請求の範囲」解釈のための準則 |
| ③例外ルール | 「特許請求の範囲」外への拡張 |

#### ①原則ルール

特許権の保護範囲は，原則，**発明の技術的範囲**にとどまります（70条1項）。しかし，「発明思想」という無体物を言語化するため，プロダクト・バイ・プロセス・クレームによる表現の場合など，解釈が必要です。

#### ②補足ルール

補足ルールでは，クレーム以外の資料をどれだけ，そしてどのように考慮に入れてよいかが問われます。まず，クレームと明細書が矛盾した場合には，クレームが優先されます。70条1項の原則ルールから当然です。そして，クレームの用語の意義が不明な場合は明細書・図面を参酌してよいとされます（70

条2項)。答弁書や補正理由書の記載に反する主張はできません。また，出願過程における審査官とのやり取りに関しても撤回することはできません。

③例外ルール

以上二つのルールよりも，さらに解釈を拡張させるのが，この例外ルール，「均等論」です。

均等論とは，特許請求の範囲に記載された発明と構成要件が異なる場合であっても例外的に特許発明の保護範囲を及ぼす理論を言います。つまり，原則解釈であっては保護されない発明も，このような要件を満たす場合には原則解釈で導かれる結果と均等とし保護されます。本来なら，特許請求の範囲に記載された構成中に対象製品等と異なる構成要素があれば，当該対象製品は特許発明の技術的範囲に属しないとされます。ここに，原則の拡張が見られます。

英語の"equivalent theory"の訳語で，例外的な保護範囲の"拡張"論と言えます。均等論は，アメリカ合衆国やドイツ等においても判例法上認められた論理です。以下に挙げた均等の要件をご覧下さい。

均等の要件
①置換可能性があること
②容易に想達できること
③相違点が発明の本質的部分でないこと

それでは一つずつみていきましょう。

### ①置換可能性があること

構成要素Aの代わりに構成要素A′を用いても，特許発明の目的を達成できる場合，作用効果の同一性が認められ置換可能性があります。つまり，発明の基本的な考えが同じで得られる効果も同じである場合，置換可能性があります。

### ②容易に想達できること

均等であるためには，当業者が置換を容易になしうることが必要です。ここで，当業者は，当事者自身ではなく，「平均的な技術者」と解されています。

### ③相違点が発明の本質的部分でないこと

特許発明の本質的部分とは，明細書のクレームに記された構成要素のうち，課題解決の基礎となる技術的思想の中核的な部分を言います。

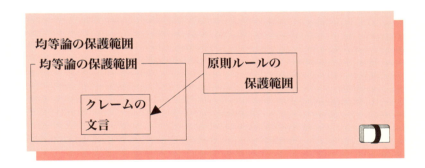

## ❖特許権の保護期間

特許権の保護期間は，原則，特許**出願から 20 年**です（67 条1 項）。**登録からではない**ので注意が必要です。ただし，例外的に保護期間の延長が認められることがあります。

特許権に保護期間が設けられているのは，特許法の目的から導かれます。つまり，陳腐化した技術を保護し続けることは，発明の利用を制限し，ひいては産業の円滑な発展に支障をきたすと考えるからです。

## ❖特許権の制限

特許権をとれば，保護期間内は無敵の権利となるかというとそうではありません。ここで，また特許法の目的・趣旨のところに戻ってみてください。

特許法は，究極的には産業の発展を目指すのであり，一部の者の独占が弊害となることもある場合には調整する必要があります。つまり，特許法は**発明者の権利保護**と**公衆のための技術利用**の間でバランスをとらなければなりません。

そこで，公衆に広く技術を開放するために，次に挙げる場合には例外的に特許権が及ばないとして，実質的に特許権を制限しています。

**特許権が制限される場合**
①試験研究のためにする実施 (69条1項)
②国際交通機関 (69条2項1号)
③特許出願前から国内にあるもの (同2号)
④調剤行為 (69条3項)
⑤消尽理論

　試験研究のためにする発明の実施が許されているのは，改良発明の促進を図るためです。私たち人間は，いつもオリジナルのものを発明するわけではなく，新しい発明のほとんどが先人の知恵をベースとして成り立っています。ですから，これからの産業の発展のための必要的な措置といえるでしょう。しかし，あくまで試験研究のためであり，製品として販売するための実施は含まれません。このように，製品販売もなければ，特許権者への経済的打撃も少ないという考えも背景にあります。

　この69条1項の試験研究のための実施に，薬事法14条所定の後発医薬品の製造承認申請のための試験・研究のための特許発明の実施が該当するかが争われた事案があります。学説では，試験研究というためには目的が「技術進歩」でなければならず，目的が市場調査や特許保護期間満了後の即時販売など「利潤獲得」の実施であれば認められないというのが多数説です。

　しかし，最高裁は，薬事法所定の製造承認申請のための実施は，69条1項の試験に該当すると判示しました。その理由として(1)「特許法の根幹」として一定期間の独占期間が付与され，期間満了後の自由利用が万人に許されていること(2)後発品の試験が69条1項の試験に当たらないとすると，結果とし

て独占期間の延長を認めることになり「特許法の根幹」にそぐわないとしています。

　⑤の消尽理論について詳しく説明しましょう。

　消尽理論とは，国内において特許発明に係る製品を譲渡等していったん適法に流通に置いた場合には，当該特許製品については特許権の効力は及ばないとする考え方です。

　たとえば，自動車の中古車市場を例にとって考えてみましょう。もし，権利の消尽が認められないと，譲渡した後も，特許権者は権利を行使することができます。そうなれば，他人の特許にかかる製品を販売等する行為は特許権侵害を形成します。これでは，中古車市場は存在できません。そこで，権利の消尽理論が採用されています。つまり，いったん自動車メーカーが販売等を通して適法に流通に置いた後は，もう権利は消尽したものとされ，行使できません。消尽理論が認められる理由としては，特許製品がその効用を終えた後でも権利を及ぼすと自由な流通を妨げること，特許権者は一度権利から利益を得ているのであり，二重に利得を得ることになりかねないことが上げられます。

　　　国内消尽については判例・学説とも
　　　　　　争いのないところですが、
　　　　国際消尽については世界的にも
　　　まとまった見解はでていません。

　国際消尽については、「並行輸入問題」の項参照。

## ❖特許権の共有

　特許権が複数に属する場合，特許権の行使が制限されることがあります。特許権は以下のような場合に共有されます。

特許の共有
①共同発明
②一般継承
③特定継承

　②一般継承とは，相続や合併などで特許権者が2人以上となる場合です。相続・合併が効力の発生要件となります（98条1項1号括弧書）。

　これに対し，③特定継承とは，契約による譲渡によって発生し，特許原簿への登録が効力発生要件になります（98条1項1号）。なお，特許権は財産的な権利であり，自由に譲渡が可能です。

　しかし，特許などの知的財産の所有権と，土地や宝石などの有形財産の所有権では，他人と権利を共有する際に違いがでてきます。

　所有権とは，モノを自由に使用・収益・処分できる権利です（民法206条）。たとえば，私がある一区切りの土地の共有者であれば，その土地の持分を自由に使用，譲渡することができます。

　これに対し，特許権の場合，たとえ自分の持分であっても勝手に譲渡等処分することはできず，**他の共有者の同意が必要**となります（73条1項）。特許発明の実施を分割して行うことはできないなど，特許特有の理由からこのような扱いが採られています。また，実施権の設定など収益にかかる部分も他の共有者の同意が必要です（73条3項）。ただ，所有権の使用にあたる，特許権の実施については制限はなく，自己実施は可能とさ

れています (73条2項)。

## ●10● 特許発明の利用

さて、苦労の甲斐あって特許登録が無事に済んだとします。これからは、特許発明の使い方を考えてみましょう。まず、特許発明の利用方法としては、以下の二つが考えられます。

**特許発明の利用**
① ライセンス
② 特許権の移転

❖ ライセンス

① ライセンスとは

特許発明を実施したい者は、**ライセンス（実施許諾）**によって、特許権者の定める条件の下でならその発明を実施することができます。

権利を付する側を**ライセンサー**、権利を与えられる側を**ライセンシー**と呼びます。通常、ライセンシーは、ライセンサーに対して実施の対価の支払いをすることによって、発明の実施を許可されます。

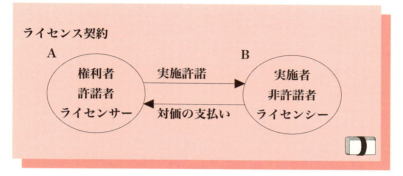

②ライセンスの種類

 ライセンスには、**専用実施権**と**通常実施権**があります。どちらも、契約など特許権者の意思に基づいてなされ、原則として特許登録原簿に記載されます。大きな違いは、前者が「物権的」な効力を持つのに対し、後者は「債権的」な効力しかないことです。

 通常実施権では、特許権者は同時に複数の者にライセンス設定することができます。通常実施権はライセンシーに発明の実施を独占させるものではなく、単に実施を許可したに過ぎず、債権的な権利しか持たないからです。一方、専用実施権は、契約の範囲内ならライセンシーは発明の実施を独占することができ、特許権者でさえも当該発明の実施ができません。このように、専用実施権は、物権的で非常に強力な権利です。

 その他、特許権者の意思を擬制した形の**裁定実施権**、特許権者の意思に基づかない**法定実施権**などがあります。これらは、債権的な権利であり、通常実施権のカテゴリーと言えるでしょう。

③クロスライセンス契約

 クロスライセンス契約とは、当事者双方が有する多数の特許

発明につき，相互に実施を許諾する契約を言います。目的は，互いの特許を侵害せず自由に実施することができるので，より技術の発展が望めるというものです。互いに相手方に支払う実施料を相殺する形になりますが，当事者の利益は必ずしも等価ではなく，また双方がどの程度特許発明を利用するかは各当事者にゆだねられています。よって，実施料の相殺といっても，同額ではなく，両者が有している特許等でバランスが取れない場合には調整金が支払われるようです。

ちなみに，基本特許青色発光ダイオード（ＬＥＤ）を有する日亜化学工業とソニーは，2004年4月22日，プレスリリースにて包括的なクロスライセンス契約を締結したと発表しました。これにより，両社の持つ約800の特許技術が互いに自由に利用できるようになるそうです。

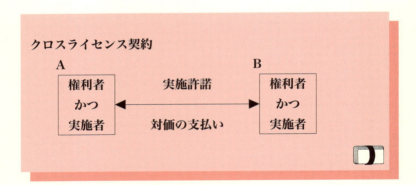

### ❖特許権の移転

さきほどの特許権の共有のところでも触れましたが，特許権は財産的権利であるため自由に譲渡できます。相続や事業等の合併によって生じる一般継承に加え，単に契約を通して譲渡する特定継承などがあります。

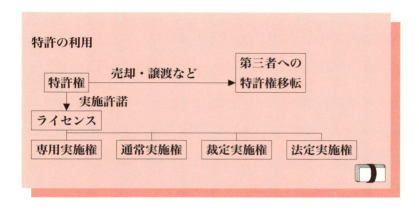

## ●11● 特許権が侵害されたら

特許権の保護範囲を知ることは，**特許権の侵害行為**を知ることと同義です。特許権とは，特許発明を業として独占的に実施する権利をいいました。したがって，特許権の侵害とは，**他人の特許に係る発明を正当な権原なくして業として実施すること**を言います。

> 「業として」、「実施」の定義・解釈、特許権の効力を決定する特許発明の技術的範囲については「特許権の保護範囲と効力」の項参照。

ここでは，特許権が実際に侵害されたらどういう対抗手段があるかを具体的に解説していきます。

### ❖対抗手段

特許権は，不動産などの所有権と違って目に見えない財産を保護します。この特許権の特徴から権利が侵害されてもわかり

にくく，それゆえ独占的利用を守ることは容易ではありません。

そこで，特許権の救済措置には民法・民訴の原則とは異なる特別規定が置かれています。

特許権を侵害された場合には，まずは内容証明郵便など書面で侵害行為を停止するよう警告を行います。

*警告は口頭でも行うことはできますが，通常は形に残るよう書面で行われます。*

直ちに停止に応じない場合の民事上の救済措置には，以下のものが考えられます。

---

**民事的救済手段**
①差止請求権 (100条)
②損害賠償請求権 (民法709条)
③不当利得返還請求権 (民法703条)
④信用回復措置 (106条)

---

**①差止請求権（100条）**

特許権者または専用実施権者は，自己の特許権または専用実施権を侵害する者または侵害するおそれのある者に対して，その侵害の停止または予防を請求することができます（100条1項）。特許権が独占的な支配権であることから認められる権利です。

差止請求権が認められているのは，特許権者と専用実施権者のみである点がポイントです。

また，請求に際して，侵害行為を組成した物の廃棄，侵害に

供した設備の除却，その他侵害の予防に必要な行為を請求することができます（100条2項）。これらは，**廃棄除去請求権**といわれ，差止請求に付随して行使されます。

　ここで，「侵害行為を組成した物」とは，たとえば，ある機械に特許が付与されている場合に，ある物を生産したその機械自体などです。また，「侵害行為に供した設備」には，ある物の方法の発明が特許されている場合に，その物を製造した機械が該当します。

　差止請求権は，現在・将来の侵害行為に対する対抗措置であり，損害賠償と異なり故意・過失を要件としません。侵害を未然に防ぐという観点からも重要な手段といえるでしょう。

*「故意又は過失」は、法律を学ぶ際の頻出単語で、「わざとまたはうっかり」と考えてください。*

## ②損害賠償請求権（民法709条）

　民法では，他人の不法行為により受けた損害賠償を請求する**損害賠償請求権**（民法709条）が認められており，特許権侵害の際にも適用されます。ただ，特許権を含めた知的財産権訴訟においては，その特殊性から修正が加えられています。

　それが，**過失の推定**の規定です。民法・民事訴訟法では「過失責任」が原則で，自己に有利な事実を証明しようとする者は，自らが証言・立証しなければなりません。民法709条不法行為の規定には，「故意・過失」（相手のせいであること）の立証が必要と規定されています。

*ちなみに不法行為の要件は、①責任能力、②故意・過失、③権利侵害④損害の発生、⑤権利侵害と損害の発生の間の相当因果関係の五つになります。*

**❶**特許法 ▶ 85

一方，知的財産関連の訴訟は侵害者の「故意・過失」の立証が困難なことが多いため，損害賠償請求において「過失の推定」，つまり，**立証責任の転換**が規定されています（103条）。これにより，特許権者または専用実施権者は，特許権が侵害された事実を自ら立証する必要はありません。代わりに，侵害者の側に当該特許を侵害していないことを立証する責任を負わせています。もちろん推定規定であるため，侵害者側で過失のないことを証明すれば責任は免れます。

このように「推定」規定では、一応そういうことにするだけで、反証があれば結果が覆ることがあります。一方「みなし」規定は、反証を許さず結果が覆ることはありません。

なお，損害賠償請求権は，差止請求権のように現在・将来の侵害行為を予防するものではなく，過去の侵害行為に対する救済にすぎません。

### ③不当利得返還請求権（民法703条）

法律上の原因なくして他人の財産または労務により利益を受け，このために他人に損失を及ぼした者は，その利益の現存する限度でその返還する義務を負います（民法703条）。簡単に言うと「他人のものを無断で利用して儲けた金はそのまま権利者に返還しろ！」ということです。こちらも，故意・過失の立証は必要ありません。損害賠償請求権は消滅時効が3年（民法724条1号）であるのに対し，不当利得返還請求権は5年（民法166条1項1号）と長い点もポイントです。

## ④信用回復措置（106条）

故意または過失により特許権または専用実施権を侵害し，それによって特許権者または専用実施権者の業務上の信用を害したものに対しては，裁判所は，特許権者または専用実施権者の請求により，損害の賠償に加えまたは損害の賠償とともに，特許権者または専用実施権者の業務上の信用を回復するのに必要な措置を命ずることができます（106条）。

一般的な信用回復措置としては，新聞・雑誌等での謝罪広告などがあります。

以上は，すべて民事上の救済措置でしたが，侵害行為等が悪質である場合には刑事罰も規定されています。

特許法では，特許権侵害罪について，10年以下の懲役または1000万円以下の罰金に処する旨の規定が置かれています（196条）。たとえば，故意に侵害行為を繰り返していた場合などであり，他は刑法の規定に従い判断されます。

### ❖損害額の決定

特許関連の訴訟と民法・民事訴訟法の原則には相違点があり，**損害額の決定方法**もその相違点の一つです。

民法・民事訴訟法では，原則として，損害賠償額は「逸失利益」です。それを立証するのは原告側です。「逸失利益」とは，**侵害がなければ得ていただろう利益**のことです。

しかし，特許権侵害訴訟においては特則（102条）が置かれ，この原則に修正が加えられています。そもそも，特許権関連の訴訟では，侵害内容が不明確な上，内容が確定できてもその侵害額の立証は困難な場合がほとんどです。そこで，侵害の「やり得」現象を防止するために102条の規定が置かれました。

❶特許法 ▶ 87

**特許法 102 条**
**1 項：侵害者の譲渡数量×権利者の単位予想利益額**
**2 項：侵害者の現実利益額＝推定侵害額**
**3 項：実施料相当額**
**4 項：民法 709 条の原則からの請求**

**1 項**：侵害者が販売等した数量に，特許権者が販売によって得られたであろう単位数量あたりの利益をかけて損害額を決定します。ただし，特許権者の製造販売能力に見合った範囲での計算となります。侵害者は，たとえば「特許権者には侵害者と同じだけ販売することはできない」などと主張して反論することになります。

**2 項**：しかし，特許権者にとってしばしば，自身が被った被害額よりも，侵害者が実際に得た利益の額を立証するほうが容易な場合があります。そこで，特許法は，侵害者が得た利益を特許権者が被った損害額であると推定します。

**3 項**：2 項同様従来から認められてきた，実施料相当額を侵害の額とする規定です。平成 10 年の法改正によって「特許の実施に対し通常受けるべき金銭の額」という文言から「通常」の文字を削除したことで，より柔軟な額の算定が可能となりました。改正前では，侵害者は特許権者に無断で実施しても，事後にライセンス料を払いさえすればよいという，いわゆる「やり得」現象が問題とされていたためです。これにより，ライセンスに基づく実施料相当額のみならず，研究開発投資の十分な回収が可能となるでしょう。

### ❖特許庁と裁判所の判断

ここで，問題の所在を考えてみましょう。そもそも，侵害訴訟において裁判所が判断するのは何でしょうか？

原則は，**特許庁が権利の存否を判断し，裁判所は権利の範囲を判断する**もので，これが両者の役割分担といえるでしょう。しかし，侵害訴訟の場で，特許権の瑕疵が明らかになった場合，わざわざ無効審判手続を経る必要があるか，抗弁で済ませられるかが問題となります。

「瑕疵(かし)」とは、頻出法律単語で「キズ」の意味です。
つまり、何らかの欠陥があることを言い、ここでは、特許権に欠陥があることを言っています。

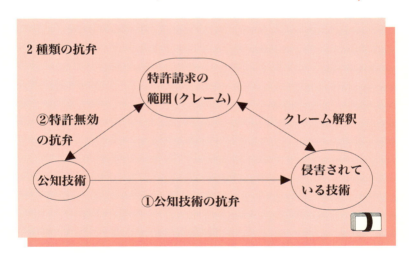

❶特許法 ▶ 89

### ①公知技術の抗弁

　特許出願前から公知な技術を利用しているに過ぎないとして，侵害者が自己の技術利用行為の自由性を主張する抗弁です。この抗弁は，特許庁・裁判所の役割分担の原則にも反しないため，裁判所としては判断がしやすいものです。つまり，侵害訴訟を担当する裁判所が，特許権自体の存否を判断しないためですね。

### ②特許無効の抗弁

　特許権自体が無効であるという抗弁です。これは，公知技術とクレーム自体を対比するもので，正面から役割分担の原則に抵触します。大判大 6.4.23 以来，判例は一貫してこの抗弁は認めてきませんでした。つまり，「無効審判を経ろ！」という考えから，その間の訴訟を中止しました (168 条 2 項)。

　しかし，このような流れを変えた著名な事件があります。テキサスインスツルメント対富士通半導体事件です。テキサスインスツルメント社は，半導体に関する著名な基本特許キルビー特許を有し，1989 年に日本の特許庁より登録が認可されました。この特許は，1958 年ジャック・キルビー氏の発明で，1960 年 2 月 6 日に日本で出願，86 年に出願公告されていました。旧特許権法 (1960 年 3 月 31 日まで有効) には，出願時より 20 年を最大保護期間とする規定がなかったため，出願からなんと 26 年を経て復活したのです。これにより，テキサスインスツルメント社は，日本の半導体メーカー富士通に対して当該特許権侵害であるとし警告書を送付しました。対する富士通側は，テキサスインスツルメントに債務不存在確認請求を申し立てました。

　特許に関してですが，ほぼ同一の別の特許が，進歩性欠如を理由に登録を拒絶されていました。

最高裁は，①特許に無効理由があることが明らか，②訂正審判の請求がされているなど特段の事情がないことを理由に，特許権の行使を権利の濫用にあたると判断しました。最高裁が初めて正面から特許の存否を判断している点に意義があるものです。両当事者の衡平の観点からも，訴訟経済の観点からも妥当な結論といえるでしょう。

コ ラ ム

### 【特許の利用方法】

　80ページでも少し説明したように，特許権を取得した人には，その特許発明をライセンスという形で他者に実施させたり，特許権を売却したり，特許権を担保に資金を調達したりすることができます。

　ここでは，ライセンスについてもう一度詳しく説明しておきましょう。

#### ①専用実施権

　専用実施権とは，設定行為で定めた範囲内で特許発明を独占的に実施できる権利です（77条2項）。81ページで専用実施権は「物権的」な効力を持つと説明しました。

　「物権的」というのは，誰に対してもその権利を主張できるという意味です。たとえば誰かが特許発明を無断で実施した場合，専用実施権を持つ人は，自分の名前で差止請求や損害賠償請求をすることができるのです（100条～103条）。

　また，専用実施権が設定されると，その設定の範囲内では，特許権者であっても実施をすることができなくなります（68条ただし書）。

　さらに，特許権者は，ほかの人に対して専用実施権や通常実施権を設定することもできません。

　このような強力な効力を持つ専用実施権は，設定の際に特許庁の特許原簿に登録する必要があります（98条1項2号）。効力が強いゆえに，あまり積極的に利用されていないというのが実情です。

　なお，特許権者は専用実施権を設定する際に，期間や内容など，その権利範囲を制限することはできます。専用実施権者がその制限を守らなかった場合は，特許権の侵害となります。

#### ②通常実施権

　単に特許発明を実施できる権利が，通常実施権です（78条1項）。

専用実施権のように排他的・独占的な権利ではありませんので，他者が無断で特許発明を実施していても，通常実施権者が差止請求や損害賠償請求をすることは原則としてできません。通常実施権者は，特許権者に対してのみ，特許発明の実施を認めるよう請求できるのです。その意味で，「債権的」な効力であると説明できます。

　通常実施権は特許権者によって設定されますが，専用実施権と違って特許原簿への登録は不要です。

　また，通常実施権が設定されたあとに特許権者が変わったり，専用実施権者が現れたとしても，通常実施権者はその効力を対抗できます（99条）。

　通常実施権は独占的な権利ではないので，特許権者は複数の通常実施権を設定することができます。一方，他者に対して通常実施権を設定しないことを約束する場合もあり，それを**独占的通常実施権**をいいます。独占的通常実施権の設定後，特許権が侵害された場合は，独占的通常実施権者も例外として損害賠償請求できるというのが判例・通説です。

### ③裁定実施権

　公益上の必要から，特許庁長官・経済産業大臣の裁定によって設定される通常実施権を裁定実施権といいます。強制的に設定されるという点が特徴ですが，一応②の通常実施権の一種です。

　特許法は3つの裁定実施権を定めています。いずれも，特許権者から通常実施権を設定してもらえなかった場合に適用されます。

◆不実施の場合の裁定実施権（83条）

　特許発明の実施が継続して3年以上日本国内において適当にされておらず，かつ特許出願から4年を経過している場合に認められる実施権です。

　不実施について特許権者に正当な理由がある場合は認められません（85条2項）。

❶コラム ▶ 93

◆利用関係にある場合の裁定実施権 (92条)

　自己の特許発明が，他の特許等の利用のうえに成り立っている場合，他の特許権者の許諾を得なければ，自己の特許発明を実施できません (72条)。このような利用発明の実施のために，協議が不成立の場合には特許庁長官に対して裁定を求めることができます。

◆公共の利益のための裁定実施権 (93条)

　特許発明の実施が公共の利益のため特に必要であるときは，経済産業大臣に裁定を求めることができます。

④**法定実施権**

　法律の定めにより当然に発生する実施権を法定実施権といいます。代表的な法定実施権をご紹介しましょう。

◆職務発明の場合 (35条)

　特許法35条は，従業者が職務発明につき特許を取得した場合，使用者は通常実施権を有すると定めています (職務発明については46ページを参照してください)。

◆先使用の場合 (79条)

　特許法は先願主義を採用しています。ですから，時間的に先に発明していたとしても，特許出願をしていなければ原則として保護されません。しかし，特許を取得していなかったというだけで，それまでの発明努力や実施設備が無駄になってしまうのは，必ずしも妥当とはいえません。そこで特許法は，先使用による法定実施権を定めました。

　先使用による法定実施権が認められるためには，特許出願に係る発明の内容を知らないで自らその発明をしたこと，または，特許出願に係る発明の内容を知らないでその発明をした者から知得して，特許出願の際現に日本国内においてその発明の実施である事業をしている者またはその事業の準備をしている者，であることが必要です。要するに，出願された発明のことはまったく知らずに，自ら発

明ないし実施をしている場合です。

# 2時間目
## 知的財産法その2
## 不正競争防止法

## ●0● はじめに

　わが国では，国民は自由に商売をすることができます。その自由な経済活動を通じてわが国の経済は発展します。ですから，公正に競争できる環境が保障されるのが望ましいとされます。

　しかし，人(企業)は時に競争に勝つために手段を選ばなくなることがあり，しばしば不正な競争が起こります。これを放置すれば，健全な企業活動は阻害され，公正な競争秩序が維持できなくなってしまいます。そこで国が，不正競争を取り締まり，損害賠償等の救済措置を講じ，公正な競争秩序の回復をはかる必要があります。そのための取り締まり法規として不正競争防止法があります。

### ❖不正競争防止法とは

　不正競争防止法1条の規定に，立法目的が述べられています。つまり，「国民経済の健全な発展」が目標であり，その達成手段として「不正競争の防止及び不正競争に係る損害賠償に関する措置等」を設けている法律です。

　不正競争防止法の仕組みは，2条で不正競争行為を限定列挙し，その違反行為に対して3条以下で救済措置等を定めています。

### ❖不正競争防止法の特徴

　不正競争防止法は**行為規整法**の部類に入ります。不正競争防止法でも，違法行為への差止め請求は認められます。しかし，「不正競争防止権」という権利は存在しないため，権利自体を譲渡することはできません。つまり，損害賠償のみしか認められない民法の不法行為法と，権利譲渡まで認められる特許法な

どの権利付与法との中間に位置する法律と言えます。

より詳しく，知的財産法としての不正競争防止法の特徴と体系的な位置を考えてみましょう。

まず，不正競争防止法が，権利を付与しない行為規整法であることは述べました。次に，不正競争防止法は，民法の不法行為の特別法として，要件を明確化する役割を果たします。また，損害賠償額について，立証責任に特則を置くなど保護を手厚くしています。

公正な競争秩序の形成という意味で，不正競争防止法は他の知的財産法と趣旨は共通していますが，その秩序違反行為を規制する手段が民事的か行政的かという点が違います。つまり，独占禁止法では公正取引委員会によって行政的に取り締まるのに対し，不正競争防止法は，民事的に制裁を加えていきます。

●1●
# 不正競争行為いろいろ

では，具体的に不正競争行為とはどのような行為を言うのでしょうか？　何をすると，不正競争行為として訴えられるのでしょうか？　不正競争防止法では，これらについて，2条で限定的に列挙する形をとって示しています。ここで，保護されているのは何かも意識していただきたいので，次ページの表をご覧下さい。

❷不正競争防止法 ▶ 99

**不正競争行為**

|  | 不正競争行為 | 保護対象 |
| --- | --- | --- |
| 1号 | 周知表示混同惹起行為 | 周知表示 |
| 2号 | 著名表示冒用行為 | 著名表示 |
| 3号 | 商品形態模倣行為 | 商品形態 |
| 4号〜10号 | 営業秘密の不正取得・使用・開示行為 | 営業秘密（トレードシークレット） |
| 11号, 12号 | 技術的制限手段を無効にする行為 | 技術的制限手段 |
| 13号 | ドメイン名不正取得行為 | ドメイン名 |
| 14号 | 商品・役務の品質等誤認惹起表示 | 商品等表示 |
| 15号 | 営業誹謗行為 | 営業上の信用 |
| 16号 | 代理人等による商標無断使用 | 商標 |

## ●2● 商品等表示の保護

### ❖周知表示の保護（2条1項1号）

1号で，不正競争行為として**周知表示混同惹起行為**が挙げられています。ここで，保護の対象となるのは「周知表示」です。「周知表示」とは，簡単に言うと，**需要者の間で広く認識されている表示**を言います。

しかし，実際には表示そのものを保護しているわけではなく，その表示に化体（かたい）した，**営業上の信用の保護**をはかっています。他人がコツコツ積み上げてきた営業上の信用へのただ乗りする行為（フリーライド）は，経済競争環境としてふさわしくないためです。たとえば，簡単な例を挙げて考えてみましょう。

　まったくの他人が突然，「SONY」という表示を使って商売を始めたとします。長年の企業努力によって築いてきたSONY社の「SONY」という表示が持つ「信用」にただ乗りして利益を上げようというわけですね。しかし，それはフリーライド行為であり，ここでいう不正競争行為にあたります。ここで，「あれ？　SONYとかって商標だから商標法で保護されるんじゃないの？」と思われた方もいらっしゃるかもしれません。

　実は，不正競争防止法は，商標を保護する商標法とは**相互補完の関係**が成り立っています。商標は表示の中の一つの類型になるのです。たとえば，不正競争防止法なら，商標法では保護されない未登録商標や商標以外の表示などを保護することができます。また，地域限定的な表示の保護が可能です。

　しかし，不正競争防止法では“使用される”表示しか保護されません。これに対し，商標法では，使用の有無に関わらず特許庁に登録された商標が全国的に保護されます。このように，うまく住み分けられています。

　さて，保護対象は「周知表示」ですが，周知表示と認められるには次の要件を満たす必要があります。

**周知表示の要件**
**①周知性**
**②商品等表示性**

　①周知性は，**需要者の基準にたって，地域的なレベルで広く認識されているかどうか**を判断します。したがって，周知表示はその知られているエリア内で保護されるに過ぎないと言えます。たとえば，大阪市福島区に私のレストラン「尾崎屋」があるとします。このとき，他の人は同じ福島区内に「尾崎屋」という名のレストランを開くことはできません。これは，「福島区」という地域内では，「尾崎屋」は「周知表示」として需要者の間でも認識されていると判断されるためです。

　②商品等表示性とは，**出所識別力があるか否か**を判断します。商品の出所や営業の主体を表示する識別力があるものであれば，商品等表示性があります。たとえば，業務にかかる氏名，商号はもちろん，商品の包装や容器などでも商品等表示となりえます。珍しいものでは，デザイナーの三宅一生氏らが所属するデザイン会社の製作する婦人服の独特の素材感に出所識別力を認めた判例があります（東京地裁決定平成11.6.29判例時報1693号p139，婦人服シリーズ事件より）。

### ❖周知表示の侵害

　これらの要件を満たして晴れて，「周知表示」と認められると，これを侵害した者に対して差止めや損害賠償を請求することができます。その侵害成立にも二つの要件があります。

**侵害成立要件**
**①同一または類似表示の使用**
**②混同**

### ①同一または類似表示の使用

まず，侵害者が同一または類似表示を使用していることです。ここで「使用」とは，商品等表示としての使用です。単に，「今日尾崎屋で食べたカツ丼はおいしかったなあ」などとホームページに書き込んだ場合には出所を"表示しているだけ"の「使用」であり，ここでいう「使用」にはあたりません。つまり，**商品等の出所表示機能を害する形での使用が侵害行為**にあたります。

### ②混同

次に，消費者が「混同」を起こしうるかどうかを判断します。混同とは，「出所を間違う，勘違いする」の意味です。出所の同一性に関する混同と，出所の関連性に関する誤認などがあります。「混同」は実際に起こすかどうかではなく，混同を起こす「おそれ」があると認められればよいとされます。

昨今の企業活動の多角化に伴い，統一的ブランド戦略が計られたことで，混同は起こりやすくなっています。たとえば，かつて SONY PLAZA というショップがありました（現在は PLAZA）。これなどはソニー本体の事業なのか，それとも何らかの関連があるだけなのか，外からではわかりにくくなっており，混同しやすい例の一つでした。

## ❖著名表示の保護（2条1項2号）

著名表示の保護規定は，1993年の法改正で盛り込まれました。なぜ，周知表示に加えて特に「著名表示」の保護規定が置かれたのでしょうか？　一つには，**ブランドイメージを直接保護する必要性**があったためです。

より知名度の高い「著名表示」については，出所の関連性に関する混同さえもありえないことが普通です。たとえば「パチンコ・ディズニー」と称するパチンコ店があっても，本当にあのディズニー社が経営していると間違う，つまり混同を起こす人はあまりいないでしょう。しかし，いくら他業種であっても，また混同を起こさないような行為であっても，ブランドのイメージを希釈化したり，汚染化したりする行為に対しては悪意が感じられるとして，その保護が認められたのです。

なお，「著名」とは，「周知」よりももっと有名だということです。判例・学説上は，認知度，認知主体，地域的範囲などの点で争いがあります。

## ❖著名表示の侵害

したがって，2号の著名表示を侵害する行為には，①同一または類似表示の使用等は求められますが，**②混同は要件とはなりません**。つまり，著名表示については，全業種について独占が認められています。では，著名表示の侵害に当たるとされた事例の中でも有名な「スナックシャネル事件」を紹介しましょう。

Xは，世界的に著名な高級婦人服ブランド「シャネル」を展開するシャネルグループの知的財産権を統括するスイス法人です。一方Yは，松戸市内において「スナックシャネル」という名称の小規模な飲食店を営業していました。

Xは，「シャネル」の営業表示が「周知」であり，Yがこれ
と類似する営業表示を使用してXの営業と混同を生じさせてい
るとして，不正競争防止法に基づいてYの営業表示の使用差止
めおよび損害賠償を請求した事件です。

　Yは，XとYとは業態が大きく異なっていて，XとYの営業
内容に混同を生じることはないと主張しました。しかし裁判所
は，Yの「スナックシャネル」の表示の使用が「シャネル」の
表示を使用する企業グループについて「広義の混同」を生じさ
せる行為に当たると判断しました。以前にも，他人の表示と類
似する表示を使用し，かつ当該他人との営業が類似する場合に
おける「狭義の混同」のみならず，いわゆる「広義の混同」も
「混同を生じさせる行為に」含まれるという裁判例がありまし
た。

　近年，企業経営が多角化され，同一表示の商品化事業によっ
て結束する企業グループを形成する傾向が見られます。よって，
「シャネル」のような著名表示に対するただ乗り行為は，たと
え，営業内容が異なっていても禁止する必要があると解される
ようになってきました。ちなみに，この事件の当時は「著名表
示」の保護規定がなく，1号「周知表示」を主張していました。
しかし，平成5年の法改正で，新たに「著名表示」の保護の規
定が加えられ，「著名表示」に関する請求に関しては「混同」
を要件としないこととなったのです。

## ●3● 商品形態の保護

　商品形態の保護の規定(2条1項3号)は，1994年の法改正で
新設されました。商品の形態を特別に保護の対象としたのは，
ライフサイクルが短く，かつ市場先行の利益が少ない商品の投
下資本の回収手段を確保するためです。たとえば，比較的まね

しやすい衣類や家電商品，非常に形態を真似されやすい指輪やネックレスなどの商品がこれにあたります。

また，いわゆるデッドコピー行為の悪性に注目し，禁止しても問題はないだろうという判断もあります。「デッドコピー」とは，「そっくりそのまま」という意味の和製英語で，「酷似的模倣行為」を言います。

*ポン抜きとも言われています。*

商品の機能を確保するために不可欠な形態は，保護の対象から除かれます。たとえば，ケーブルのソケットの形態など，互換性を保つための形態や，車のハンドルなど一般的な機能を発揮させるのに必要な形態がこれにあたります。こういった形態が独占の対象となっては市場全体が困ってしまうため，権利者保護と自由利用とのバランスを図っています。

### ❖商品形態の侵害

**模倣商品を譲渡等する行為**が，不正競争行為となります。

ここで「模倣」は，具体的には次の要件を満たす行為を指します。

①依拠性
②酷似性

①依拠性は，その侵害の原商品に侵害者が実際にアクセスしたかどうかの判断です。ですから，原商品の存在を知らずに，偶然似た商品となった場合には不正競争とはなりません。これ

は，特許権，意匠権，商標権がたまたま似ていた場合も侵害に
あたるとするのとは対照的です。

*前者を相対的保護、*
*後者を絶対的保護と言います。*

　依拠があったか否かの立証は難しいため，たとえばヒット商
品や広告等に関してはアクセスがあったとみなされます。先ほ
ども触れたように，酷似性の要件は，デッドコピー禁止の趣旨
から置かれています。

## ●4●
## トレードシークレットの保護

　**トレードシークレット**とは，「企業の財産的な秘密情報」で
す。日本語では「企業秘密」と呼ばれます。最近は，日本でも
転職が以前より活発になり，雇用情勢もずいぶん変わってきま
した。優秀なビジネスマンが，ヘッドハンティングにより競合
他社に引き抜かれて移動するようになると，トレードシークレッ
トも雇用の流出に伴い漏れることが多くなり問題となっていま
す。これは大きな問題です。ヘッドハンティングの問題につい
ては，詳しくは後述します。

　トレードシークレットは，産業スパイ事件，会社の機密情報
の流出，退職社員の不正な資料持ち出しなど，刑事事件が絡ん
でいることが多いのも特徴です。しかし，本来は企業の発展に
とって重要な知的所有権として保護されるべきものです。

　プロパテント政策を推し進めるアメリカでは，判例法を中心
にトレードシークレットの保護を進めてきました。そして，統一
トレードシークレット法が公表され，今では多くの州で採用さ
れています。参考までに，アメリカのトレードシークレット法
(Uniform Trade Secret Act) について触れておきましょう。

**❷不正競争防止法 ▶ 107**

## ❖アメリカのトレードシークレット法

　統一トレードシークレット法によると，トレードシークレットとは，「フォーミュラ，パターン，組み合わせ，プログラム，デヴァイス，メソッド，テクニック，プロセスを含む，秘密にする価値のある情報で，他人において，経済的価値を有するもの」と定義されています。そして，これを不法に取得する行為を禁止し，これに対して差止請求と損害賠償の請求を認めています。

## ❖日本のトレードシークレット保護体制

　日本では，1990 年の不正競争防止法の改正で規定が置かれるまで，統一したトレードシークレット法はありませんでした。

　それまでは，民法の不法行為法や契約法，商法，労働法，刑法の窃盗や業務上横領など，ばらばらに個々に適用していました。ですが，不正競争防止法に規定が置かれたことにより (2条 1 項 4 号〜10 号)，刑事罰を除いては統一化されました。それでは，具体的に内容を見ていきましょう。

## ❖トレードシークレットとは

　トレードシークレットは「企業の財産的な秘密情報」で，内容としては大きく二つに分けることができます。まず，製造技術や製法，技術管理マニュアル，実験データ，研究データなどの技術的ノウハウです。もう一つは，顧客リスト，販売マニュアル，事業計画などの営業ノウハウです。

　しかし，個々の情報がトレードシークレットにあたるか否かの判断は，最終的には以下の条文の要件を満たしているかで決まります。不正競争防止法 2 条 6 項によると，「トレードシークレット」とは，「①秘密として管理されている生産方法，販売方法その他の事業活動に②有用な技術上又は営業上の情報で

あって，③公然と知られていないもの」と定義されます。
　まとめると，以下の要件に集約されます。

**トレードシークレットの要件**
**①秘密管理性**
**②有用性**
**③非公知性**

　①秘密管理性には，たとえば，業務上の書類に「マル秘」と書いて金庫の中に入れておく物理的管理や，署名した5人しか見てはいけないと契約しておく契約管理などがあります。
　また，不正競争行為の態様に応じて判断されることもあります。つまり，アルバイト学生が机に置かれていた書類を社外に持ち出す場合と，スパイが外部からピッキングして侵入し同じ書類を持ち出した場合では行為の悪性が違うため秘密管理性の要件の判断が分かれることもあるということです。この例のスパイの場合，机に置いているだけという管理の書類でも，秘密管理性はありと判断され，侵害になりえます。
　②有用性のある情報とは，ずばり，**経済的利用価値のある情報すべて**です。ですから，たとえば，製薬会社等に典型的ですが，「この物質は副作用があるからダメだ」といった実際に商品に結びつかないようなネガティブな情報でも有用性はありと判断されます。ただ，単なる会社幹部のスキャンダル情報や，談合などの不法情報については有用性は認められないようです。
　③非公知性は，公然と知られていないという要件です。たとえ，複数の者に知られていても，それが特定者間であれば非公

知の場合もあります。実際にトレードシークレットを持ち出したとして訴えられた場合には，訴えられた側が，その情報がすでに公知であったことを立証しなければなりません。

## ❖トレードシークレットの侵害

　では，具体的に何をすればトレードシークレットの侵害行為として不正競争行為になるのでしょうか？

　トレードシークレットの取得方法，扱いが問題となります。

### ①不正に取得した場合

　2条1項4号〜6号では，トレードシークレットを不正に取得した場合について規定されています。不正所得の典型的な場合は，窓ガラスを割って侵入し取得した窃取の場合，詐欺・脅迫による取得の場合などがあります。この「不正取得」に加え，不正取得後に，自ら使用したり，他人に売ったりする「使用・開示」行為も，侵害行為として4号に規定されています。

　5号では，4号により開示されたトレードシークレットを悪意重過失で取得・使用・開示した場合について定めています。「悪意重過失」とは，たとえば，産業スパイが不正にとってきた情報であることを知りながら，もしくは少し注意すれば知ることができるにもかかわらずそれをしない状態を言います。

> 「悪意」は、法律用語では、あることを「知っている」状態をいい、この場合では「故意に」と読み替えて考えてください。「過失」は「うっかり」の意味です。

　6号では，4号により開示されたトレードシークレットを取得した後での悪意重過失での使用・開示を侵害行為としていま

す。営業秘密を取得した際には，産業スパイが不正にとってきた情報とは知らなかったが，その後に判明し，使用・開示をした場合がこれにあたります。

## ②正当に取得した場合

2条1項7号〜9号には，正当に取得された場合，つまり，取得手段としては違法でない場合が規定さています。

正当取得されたトレードシークレットを，不正の利益を図る目的で使用・開示する場合は侵害となります（7号）。たとえば，会社の元従業員が会社在職中に正当に取得した営業秘密を，退職後に不正の利益を図る目的などをもって使用したり，他人に売却したりする行為がこれにあたります。

7号により開示されたトレードシークレットを，悪意重過失で取得し，使用開示した場合が8号に，事後的悪意重過失で使用・開示した場合が9号に規定されています。いずれの場合も，故意・過失があるので，差止のほかに従来どおり損害賠償請求が認められています。

## ③不正使用行為によって生じた物の譲渡等

技術上の秘密については，不正使用行為によって生じた物の譲渡，引渡し行為等も規制されています（2条1項10号）。

2015年の法改正で新たに追加されました。

**❷不正競争防止法** ▶ 111

コ ラ ム

### 【ヘッドハンティング問題】

　ヘッドハンティングはアメリカ社会に浸透しており，有能なビジネスマンは自身を少しでも高く売り込もうと必死です。最近は，日本でも雇用環境の劇的な変化によって，以前よりも雇用環境に流動性が見られるようになって来ました。

　現在，問題となっているのは，前の会社で職務上知りえたトレードシークレットが，ヘッドハンティングした会社にそのまま持ち込まれてしまうことです。もちろん，企業も，トレードシークレットが漏れないよう，就業規則や秘密保持契約などで保護しているのですが，現実的にすべてを保護することは難しいようです。

　IBM 社が，同社の元社員をヘッドハンティングした会社と元社員を相手取って裁判所に訴えた有名な事件があります。IBM 社は，元社員が移籍後の会社で，IBM 社時代に担当した開発部門に配属にならないように要求しました。IBM 社側の主張が認められたので，結果として，トレードシークレットが漏洩されるの防がれました。

### 【比較】特許 vs. ノウハウ

　今まで述べてきたように，トレードシークレットとは企業の財産的な情報で，大きく技術的ノウハウと，営業ノウハウに分かれました。ノウハウは，企業に有用な情報でありながら特許されていない情報というわけです。たとえば，社長とジェネラルカウンセルしか知らないというコカ・コーラの成分の秘密などがこれに当たります。

　つまり，特許もノウハウもともに企業にとって財産的な情報でありながら，公開と秘密という本質的な違いがあります。特許の場合は登録を経てその内容が一般に公開されて初めて権利となるのに対し，ノウハウは秘密であることがノウハウであるための要件です。

　特許権は，侵害されれば特許権の効力として侵害を排除できるのに対し，ノウハウは外部等に漏れても抑える手段は少なく，特許権

のように強力に保護されません。つまり，不正競争防止法による対抗手段がメインになります。そして知られてしまえば，その価値はどんどん薄くなってしまうのもノウハウの大きな特徴です。

　特許権をとるか，それともノウハウとして保持しておくかは，時として問題になります。バイオテクノロジーの分野では，特許では保護に適さない情報も多く，その判断は容易ではありません。たとえば，他社が容易にコピーできるものや，販売した製品から容易にリバースエンジニアリングによって知られてしまうようなものは秘密として持っていても仕方がありません。よってこのような場合，特許の出願をしたほうがよいでしょう。

## ● 5 ●
# 技術的制限手段の保護

**技術的制限手段**とは，営業上用いられているもので，プログラム等の実行や記録を制御するための「プロテクト」を言います（2条1項11号，12号）。たとえば，CD や DVD に施される，コピーを防ぐコピー管理技術や，衛星放送のスクランブルのように，特定の人にのみアクセスを許すアクセス管理技術がこれにあたります。

特に，昨今では CD や DVD に含まれるデジタルコンテンツの保護の必要性が叫ばれてきました。デジタルコンテンツは，従来著作権法によって保護されていましたが，著作権法では，複製行為が発生しないと侵害発生とは言えず，プロテクトを外す行為のみを処罰することはできませんでした。そこで，99年の法改正で新たに不正競争行為として規制されるようになりました。

### ❖技術的制限手段の侵害

しかし，プロテクトを外す行為自体は依然として，不正競争行為となっていないので注意が必要です。

不正競争行為となるのは，プロテクトをはずす装置を他人に販売するなど，譲渡等を行った場合です。ですから，プロテクトをはずす装置を発明し，量産し，発売した場合には，不正競争行為として侵害が成立します。

## ● 6 ●
# ドメイン名の保護

ドメイン名とは，http://www.ozaki.to/index.htm などのホームページの URL のうち，ozaki.to/index.htm の部分を言います。一般的に，国別コード，トップレベル・ドメインネー

ム，セカンドレベル・ドメインネームで構成されます。たとえば，jp が日本の国別コードであり，イギリスであれば uk，フランスであれば fr が使われています。

*ちなみに、アメリカはこのような国別コードがありません。これは、インターネット発祥の地であるアメリカのみの特権といえるでしょう。*

　トップレベル・ドメインネームにあたるものには，たとえば，「政府機関」を示す「go」，「企業」などの団体を示す「co」があります。セカンドレベル・ドメインネームとは，一般に商標や商号が使われる部分で，www.yahoo.co.jp でいえば，yahoo の部分がそうです。

　本規定（2条1項12号）の立法趣旨は，インターネット上でドメイン名を不法占拠する，いわゆる**サイバースクワッティング行為**を禁圧するためです。近年，インターネットの普及によって，ドメイン名の財産的価値は高まる一方で，ドメイン名をめぐる紛争がわが国でも起こるようになりました。サイバースクワッティングは，この点に目をつけた悪質な行為で，有名企業等の名称や商標と同一または類似したドメイン名を取得して，当該企業等に高値で売りつけるなどの被害が報告されています。

　また，ドメイン名の管理を行っている日本ネットワークインフォメーションセンター（JPNIC）の JP ドメイン名紛争処理手続きを補完する役割もありました。

　アメリカでは，1998年にドメインネームの国際管理を請け負う非営利会社 ICANN（Internet Corporation for Assigned Names and Numbers）が設立されました。これにより，統一

**❷** 不正競争防止法 ► 115

紛争処理方針 (UNDRP) を定める一方，反サイバースクワッ
テリング消費者保護法を制定しその保護を図っています。

### ❖ ドメイン名の侵害

　「不正の利益を得る目的で，又は他人に損害を加える目的で，
他人の特定商品等表示 (人の業務にかかわる氏名，商標，標章
その他の商品または役務を表示するもの) と同一もしくは類似
のドメイン名を使用する権利を取得し，若しくは保有し，又は
そのドメイン名を使用する行為」が不正競争行為となります。

　ドメイン名の侵害に関する事件で有名な，J-PHONE 事件を
紹介しておきましょう。

　X (ジェイフォン東日本株式会社，当時) は，携帯電話によ
る通信サービス事業を営む会社であり，グループ企業とともに
「J-PHONE」というサービス名称を使用していました。一方
Yは，ゴルフのレッスンビデオや携帯電話機等を輸入販売する
株式会社で，社団法人日本ネットワークインフォメーションセ
ンター (JPNIC) から「j-phone.co.jp」のドメイン名を取得
し，「http://www.j-phone.co.jp」というアドレスでウェブサ
イトを開設していました。そこで，Xは本件ドメイン名の使用，
ウェブページでの表示は，不正競争防止法2条1項1号または
2号の不正競争行為にあたるとして，Yに対して本件ドメイン
名の使用，表示の差止め並びに損害賠償を求めて提訴しました。

　本件は、ドメイン名の保護規定の導入前であったため、
このような請求内容となっていますが、
改正法施行後は、従来の範囲を超えての
解決が可能となっています。

116

重要な論点の一つは，本件ドメイン名の使用は，不正競争防止法2条1項1号，2号にいう「商品等表示」の「使用」にあたるかという点でした。

そもそも，ドメイン名はIPアドレスとほぼ1対1で対応するアルファベットの文字列であり，IPアドレスが数字の羅列で覚えにくいため，わかりやすいようこのような形にされたものです。

*IPはインターネット・プロトコルのアルファベット略称で、インターネット通信規約のことです。*

よって，ドメイン名は本来，識別子以外のいかなる意味も表さない識別記号に過ぎません。

しかし，実際は，登録者の名称，社名といったその有する商標等をドメイン名として登録することが多く，利用者はドメイン名の登録者が当該固有名詞の主体であると考えることも通常だと言えます。そうすると，今回のようにドメインの登録者（Y）が，ウェブサイト上で商品の販売等を行っている場合，ドメイン名が商品の識別機能を有する場合もあります。この場合，ドメイン名が「商品等表示」に該当します。よって，裁判所は，Yによる本件ドメイン名の使用は，Xの営業を示すものとして著名な表示であるサービス名称（J-PHONE）と類似するものであり，その使用は不正競争行為にあたると判断しました（東京地裁平成13.4.24判決）。

## ●7● 品質等誤認惹起表示の防止

　誤認惹起表示とは，公衆の判断を誤らせるような取引上の表示のことで，不正競争行為にあたります（2条1項14号）。原産地，産品の性質，数量，製造方法，用途についての誤認惹起表示はもちろん，虚偽表示，おとり公告，二重価格表示などもボーダーラインにあたる行為となります。

　しかし，本規定は，誤認して商品等を購入する消費者を直接保護する規定ではなく，あくまで**競業者の利益保護**を目的としています。そのため，誤認した消費者自身は，訴訟等で当事者になることはできません。

　違法性阻却事由として，「フランスパン」のように既に普通名称となっている場合は，本規定の適用は除外されます（19条1項1号）。ただし，ワインについては，例外が定められており原則に戻って違法となります。つまり，ワインについては，「例外の例外」で，原則に戻っています。たとえば，「シャンパン」は普通名称のように使っていますが，厳密にはフランスのシャンパーニュ地方を指す名称であり，日本が原産である場合には使うことはできません。

## ●8● 営業誹謗の防止

　営業誹謗とは，競合者の営業上の信用を害する虚偽事実の告知・流布行為を言います。不正競争行為として禁止されています（2条1項15号）。

営業誹謗の要件
①虚偽性
②告知・流布行為

　①虚偽性は，具体的事実に関するものに限られます。たとえば「A社の商品は粗悪品だ」と言うだけでも侵害は成立します。
　また，比較広告も虚偽事実が含まれていれば不正競争となります。品質の差異を無視した価格比較などがこれにあたります。
　②告知・流布行為は，文字どおり「A社の商品は偽物だ！」とA社自身に告知するような，競合者自身への告知は該当しません。また，告知の相手方は公衆に限らず特定少数者であってもかまいません。

#### ❖営業誹謗にあったら

　営業誹謗の被害にあった者は，差止め，損害賠償の請求はもちろんのこと，謝罪広告や取消広告といった信用回復措置を請求することもできます。しかし，刑法233条に信用毀損および業務妨害の規定があるため，刑事罰の規定はありません。

## ●9● 代理人等による商標無断使用の防止

　外国商標を取り扱う国内代理人または代表者が，正当な理由なく，無許諾で，同一・類似の商標を使用すると，不正競争行為となります（2条1項16号）。本規定はわが国も加盟するパリ条約6条の7の要請から設けられたもので，**外国商標の保護**が目的です。
　外国商標は，国内で未使用・未登録の場合は保護されないた

め，特別に規定が設けられました。

## ●10● 不正競争行為に対する救済措置

不正競争行為によって**営業上の利益を侵害されるおそれのある者**は，救済を受けることができます。たとえばある企業は，自社と同一の表示を使っているライバル企業を，不正競争行為にあたるとして訴えることができます。

しかし，需要者，消費者団体などは，実際に表示混同によって購買判断に影響を受けていても，保護される主体になることはできません。つまり，消費者団体は主体となって訴訟を起こすことはできないのです。

救済内容は，以下の通りです。

①差止め（3条）
②損害賠償（4,5条）
③信用回復措置（14条）
④罰則（21,22条）

差止め請求について，「自己の商品表示が不正競争防止法一条一項一号にいう周知の商品表示に当ると主張する甲が，これに類似の商品表示の使用等をする乙に対してその差止め等を請求するには，甲の商品表示は，不正競争行為と目される乙の行為が甲の請求との関係で問題になる時点，すなわち，差止請求については現在（事実審の口頭弁論終結時），損害賠償の請求については乙が損害賠償請求の対象とされている類似の商品表示の使用等をした各時点において，周知性を整えていることを

要し，かつ，これをもって足りるというべきである。けだし，同号の規定自体，原判決説示のように周知性具備の時期を限定しているわけではなく，周知の商品表示として保護するに足る事実状態が形成された以上，その時点から右周知の商品表示と類似の商品表示の使用等によって商品主体の混同を生じさせる行為を防止することが，周知の商品表示の主体に対する不正競争行為を禁止し，公正な競業秩序を維持するという同号の趣旨に合致するものであり，このように解しても，右周知の商品表示が周知性を備える前から善意にこれと類似の商品表示の使用等をしているものは，継続して当該表示の使用等をすることが許されるのであって（同法二条一項四号。いわゆる「旧来表示の善意使用」の抗弁），その保護に十分であり，更には，損害賠償の請求については行為者の故意又は過失を要件としているのであって（同法一条ノ二），不当な結果にはならないからである。」と判示した判例があります（昭63年7月19日最高裁第三小法廷判決　最高裁判所民事判例集42巻6号489頁）。

4条には損害賠償請求権の消滅規定が置かれているので注意が必要です。

5条の損害賠償の損害額の算定問題は，知的財産関連の訴訟にはつきものの厄介な問題です。往々にして，無体物についての逸失利益算定は困難です。ライセンス料の事後的賠償とすると侵害の「やり得」現象が起こってしまいます。つまり，ライセンス料の後払いであれば，後でばれたら払えばいいわけで，事前に申し出てライセンスしようとする人は少なくなるわけです。見つからなければ逃げきれるわけです。

そこで，不正競争防止法5条においては，訴えた側（原告）が立証責任を負うという民法・民事訴訟法の原則が修正されています。

## コラム

### 【コンテンツビジネス】

　ここでは，**コンテンツビジネス**の最前線をご紹介します。

　最近では，日本の映画・アニメ・ゲームソフトといった「コンテンツ(情報の内容)」は，世界で高い評価を得ています。宮崎駿監督の「千と千尋の神隠し」がアカデミー賞を受賞したことは記憶に新しいかと思います。また，村上春樹さんや吉本ばななさんの小説は多くの言葉に翻訳されて，世界中で親しまれています。「ポケモン」は世界中で子供たちの人気者ですし，「クレヨンしんちゃん」は中国で人気絶頂のようです。

　コンテンツは国境を越えて伝わる知的財産であり，インターネット時代の先端を行くコンテンツビジネスはこれからもどんどん発展していくことでしょう。現状の課題は，日本がコンテンツを最大限に生かしきれていないことにあります。アメリカはＧＤＰの5%をコンテンツ産業が占めるほどです。日本のアニメとディズニーやハリウッドの違いはこのあたりから来ているのかもしれません。

# 3時間目
# 知的財産法その3
# 商標法

## ● 0 ●
# はじめに

　商標法は，特許法や意匠法と同じく知的財産法の一つですが，種類が少し違っています。特許法が「発明」を，意匠法が「デザイン」という**創作物**を保護しているのに対し，商標法が保護しているのは商標という**営業標識**，つまり**マーク**です。

　商標は，信用が続く限りは保護されるため，半永久的に保護されます。この点も，保護期間があり，期限切れの発明は公共の利用に帰す特許法等とは異なる点です。

## ● 1 ●
# 商標の3大機能

　商標それ自体は単なるマークに過ぎません。しかし，マークは継続して使用されることで消費者の間で認知され，消費者がそれによって購買行動をおこすようになります。つまり，ここで商標は**他の商品と差別化する役割（＝①自他識別力機能または出所表示機能）**を果たします。

　このように識別力のある商標は，消費者の購買の選択の手がかりとなるばかりでなく，同一の商標がついた商品には，**同一の品質や出所を保証していることを示す機能（＝②品質保証機能）**もあります。さらには，商標はテレビや新聞，雑誌などのメディアを通して商品・役務の宣伝も兼ねることから，**③宣伝広告機能**も有していると言えます。この宣伝広告機能は，商標自体が消費者にアピールしていることからも購買選択の重要な要素となっているのです。

　つまり，商標法が保護するのはマークそのものではなく，商標に化体している**営業上の信用**なのです。この「信用」が法的に保護されないと，品質をコントロールできない偽ブランドの流通が横行し，企業イメージが容易に低下させられる恐れがあ

ります。また，積み上げてきた他人の信用にただ乗りする行為も起こるでしょう。

**商標の３大機能**
**①出所表示機能**
**②品質保証機能**
**③宣伝広告機能**

## ●2● 商標いろいろ

商標法の規定上は，文字や図形の組み合わせである「**標章**」，業として用いられる「**商標**」，登録された商標である「**登録商標**」とに分けられています。

商標には，商品商標と役務商標があります。**商品商標**は，「TOYOTA」や「SONY」など**商品に付される商標**です。

**役務商標**とは，**サービスに付されたもの**で，たとえば，飛行機の機体に描かれている「JAL」，外国語教育の「NOVA」などのマークがこれにあたります。

❸商標法 ▶ 125

　平成8年の法改正によって**立体商標**も認められており，ケンタッキー・フライド・チキンの「カーネルサンダース」，不二家の「ペコちゃん」等が登録されています。

　また，平成26年の法改正で，色彩のみや音からなる商標も保護の対象とされることになりました。
　一方，デザイナー三宅一生氏のプロデュースする衣服の独特のザラザラした「素材感」などは，それだけでは商標としては保護されません。しかし，あの独特の素材感自体に出所識別力があると判断されれば，表示として不正競争防止法によって保護されることはさきほど勉強しましたね。

● 3 ●
## 登録主義と使用主義

　日本では，商標登録が商標権の発生要件となり，その商標が使用されているか否かは問いません (18条1項)。これを**登録主義**と言います。

アメリカでは，使用の事実によって権利が発生する**使用主義**を採用している場合もあります。登録主義では，使用していない商標でも登録すれば保護されるため，無駄な登録を防ぐという点では，使用主義のほうが優れていると言えます。しかし，実際に使用しているか立証するのは困難なこともあって，わが国を含め多くの国は登録主義を採用しています。とはいえ，使用していない商標が保護されるべきではないので，あとで取り消しを可能にするような使用主義的修正を加えています。

## ●4●
## 登録要件

商標権を得るためには，商標法に規定されている登録要件を満たさなければなりません。登録要件を満たしているかどうかの判断を**実体審査**と言います。

この登録要件の原則を定めているのが3条です。

**商標登録要件**
①**使用意思**
②**出所表示力**

①**使用意思**とは，自己の商標として使用する意思があるかを問うものです。しかし，他人の「意思」を調べるのは困難であるため，実務上はこの要件のチェックは行われていないようです。②**出所表示力**は，自他商品を識別する機能があるかどうかを言います。加えて条文では，識別力がない場合を以下のように3条1項1号以下に例示しています。

**出所表示力がないとされる場合**

1号　普通名称
2号　慣用名
3号　産地名
4号　氏名
5号　簡単な構成
6号　認識できない商標

### ❖1号：普通名称

　商品または役務の普通名称を普通に用いられる方法で表示する標章のみからなる商標は登録できません（3条1項1号）。たとえば，「携帯電話」について，普通名称である「携帯電話」は登録できません。ほかにも，「リゾートホテル」などはホテル業界ではすでに普通名称として使われているため登録できません。

### ❖2号：慣用名

　その商品または役務について慣用されている商標は登録できません。もとは識別商標だったものが，その商品または役務の一般的名称であると認識されるにいたったため，もはや識別商標ではなくなってしまった例です。たとえば，商標管理が甘かったため結果的に普通名称となってしまった「エレベーター」や「エスカレーター」などがこれにあたります。裁判例をみると実におもしろく，「セロテープ」はまだ普通名称とはいえず識別商標であるとされ，「うどんすき」はすでに慣用名であると判断された判例があります。

### ❖3号：産地名

その商品の産地，販売地，品質，原材料，効能，用途，数量，形状，価格などを普通に用いられる方法で表示する標章のみからなる商標は登録できません。

たとえば，「自動車」についてその品質を示す「ゴージャス」などという登録はできません。「たばこ」について商品の数量を表す「1カートン」では登録できません。

### ❖4号：氏名

ありふれた氏または名称を普通に用いられる方法で表示する標章のみからなる商標は登録できません。

わが国で非常によく見られる「佐藤」「伊藤」「鈴木」などの氏などがこれにあてはまります。ありふれた商号や雅号，法人名も排除されます。

### ❖5号：極めて簡単な構成

極めて簡単で，かつ，ありふれた標章のみからなる商標は登録できません。なお，3号から5号にあてはまる場合でも，使用の結果，自他識別力を有するに至った商標は例外的に登録できます（3条2項）。

### ❖6号：認識できない商標

1〜5号に挙げたもののほか，需要者が何らかの業務に係る商品・役務であることを認識できない商標は登録できません。

なお，さきほども述べたとおり，**商標の使用は登録の要件ではない**ので注意してください。そのため，不使用商標取消審判制度（50条1項）が登録主義の修正として規定されています。

**❸** 商標法 ▶ **129**

つまり、識別力のない商標の登録を拒否し、よって万人が使用できるようにバランスをとっているのです。

以上に述べたことは、商標登録の一般的要件とも言えるものです。ここからは、一般的要件を満たしていても商標登録が認められない場合を勉強します。

## ●5● 不登録事由

自他識別力があっても、例外的に登録ができない商標が4条1項に規定されています。主に、公益保護の観点（＝絶対的不登録事由）と私益保護の観点（＝相対的不登録事由）に分けて考えることができます。

### ❖絶対的不登録事由

特定者の権利・利益とは関わりなく、**公益上の理由から登録が拒否される場合**は以下のとおりです。

---

**絶対的不登録事由**
①公的標章　1号～6号
②公序良俗違反　7号
③品質・原産地誤認　16号, 17号

---

### ①公的標章

わが国の国旗、菊花紋章、勲章、褒章もしくは外国の国旗と同一または類似の商標は、登録が拒否されます（1号）。

また、パリ条約の同盟国、世界貿易機関または商標法条約の締結国の国の紋章そのほかの記章であって、経済産業大臣の指

定するものと同一または類似の商標は登録できません（2号）。さらに，国際連合その他国際機関を表示する標章で，経済産業大臣の指定するものと同一または類似の商標は登録できません。

## ②公序良俗違反

7号において，商標自体が矯激（きょうげき）で猥褻（わいせつ）な場合は，商品・役務の種類を問わず公序良俗違反とされ，登録が拒否されます。実際は，特定の商品・役務に使用することが不適当な場合にも拡大して適用され，食品などの商品に不清潔な言葉を使する場合等がこれにあたります。現在は，さらに一般条項化・肥大化が進んでおり，外国の著名商標等，登録に相応しくない場合も本号で拒絶しています。

## ③品質・原産地誤認

商品の品質・役務の質を誤認させるおそれのある商標は登録できません（16号）。なお，上述した事由にあたり登録ができない場合，それらは万人の自由利用に帰されます。そして，その使用自体を商標法で禁じることはできないことから，登録が拒絶された商標は，商標法以外の各種業法等で使用規制がはかられます。

### ❖相対的不登録事由

特定者の私的な権利・利益を保護するために登録が拒絶されることがあります。「私的」とは，たとえば，私が「TOKIO」という商標を登録しようとしても，困るのは"TOKIOのメンバー"という一部の人で，一般の公衆が困るわけではない範囲で，という意味です。

具体的には，次のように規定が置かれています。

**❸**商標法 ▶ 131

**相対的不登録事由**
①先願商標　11号
②使用商標　10号, 15号
③氏名・肖像　8号
④種苗権　14号

### ①先願商標
　商標登録出願の日前の商標登録出願に係る他人の登録商標またはこれに類似する商標で，その指定商品・役務，またはこれらに類似する商品・役務について使用するものは登録できません (11号)。

### ②使用商標
　他人の業務に係る商品・役務を表示するものとして需要者の間に広く認識されている商標またはこれに類似する商標で，その商品・役務またはこれに類似する商品・役務について使用するものは登録を拒否されます (10号)。また，10号〜14号に該当する以外で，他人の業務に係る商品・役務と混同を生じるおそれのある商標も登録が拒否されます (15号)。

### ③氏名・肖像
　他人の肖像，他人の氏名・名称や著名な雅号・芸名・筆名もしくはこれらの著名な略称を含む商標は，その他人の承諾を得ていない限り登録することはできません (8号)。

④**種苗権**

　種苗法により品種登録を受けた品種の名称と同一または類似の商標で，その品種の種苗またはこれに類似する商品・役務について使用するものは登録できません（14号）。

## ●6●
# 商標登録

　出願後は審査官によって審査され，拒絶理由がないとき，または拒絶理由があってもそれが解消されたときには登録査定がされます。これを受けて出願人は登録料を30日以内に納付すると，商標権の設定登録がなされ商標権が発生します。出願公開制度により商標公報が発行されますが，登録によって改めて商標公報に掲載されて公示されることになります。

　しかし，審査の結果残念ながら登録できない商標であると判断されたらどうすればよいでしょうか？　拒絶理由通知が出願人に送達されますが，出願人はこれに対し不服の場合は意見書を提出することができます。拒絶査定の前に出願人に与えられた対処の機会です（15条の2）。

　*意見書提出の期間は一般的に40日です。*

　商標法は，拒絶理由を次のように列挙しています。

❸ 商標法 ▶ 133

**拒絶理由**

①自己の業務に係る商品または役務について使用する意思のない商標または自他識別力を有しない商標 (3条)

②先願登録商標と同一または類似する商標等，不登録事由に該当するとき (4条1項各号)

③同日出願で登録できないとき (8条2項，5項)

④不正使用によって登録が取り消された場合で，その取消審決確定後5年経過しないうちに商標権者等であったものが出願したとき (51条2項，52条の2の2項，53条2項)

⑤権利能力のない外国人が出願したとき (77条3項で準用する特許法25条)

⑥条約の規定によって登録できないとき

⑦一商標一出願の原則に反するとき

　出願人が意見書を提出しない場合や，補正等して拒絶理由の解消に努めてもダメであった場合，拒絶査定がなされます。これに不服がある出願人は，拒絶査定のあった日から3ヶ月以内に不服審判を請求することができます (44条1項)。

　なお，商標権の存続期間は登録から10年で (19条1項)，登録の際に10年分の登録料を納めなければなりません。

### ❖更新登録申請

　商標は10年ごとに更新登録ができます (19条2項)。商標は，使用されて，その営業上の信用を蓄積させていくことが大切な役目です。したがって，商標権者が使用して信用を蓄積させている限りは権利を消滅させることもありません。更新登録

申請は商標権の満了前6ヶ月から満了の日までにしなければなりません (20条2項)。ただし, 割増登録料を納めれば満了後も6ヶ月は期間が延ばされます (20条3項)。この期間に申請がない場合, 商標権は存続期間の満了時に遡って消滅したものとみなされます (20条4項)。

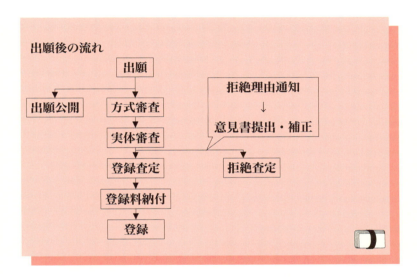

以下に特殊な出願方法をいくつか紹介しておきます。

❖ **防護標章登録**

**防護標章登録制度**は, 自ら使用していない商品・役務を指定した登録を認める制度です。著名商標については, 他業種であっても混同のおそれがあるため, あらかじめ登録を認めて権利範囲を拡大しています(64条)。

登録の要件は, ①著名性, ②混同のおそれの2点です。登録によって, 後からの出願 (＝後願) を排除し, 使用禁止の範囲

を拡大することができます。

なお，防護標章は使用を目的としたものではないため不使用取消等の制度はありません。また，使用権を設定したり，質権を設定することも認められません。

#### ❖団体商標・地域団体商標登録

団体が構成員に使用させる商標を**団体商標**と言います（7条1項）。これにより，自ら商標を使用しない団体そのものが権利主体となることができます。団体商標の保護は，パリ条約7条の2において義務付けられています。

また地域団体商標とは，地名と商品名とを組み合わせた商標がより早い段階で登録を受けられるようにする制度です（7条の2）。適法な団体か，周知性があるか，地域と密接な関連性を有しているかといった点が審査されます。地域ブランドの育成・保護を目的としています。

### ●7●
# 不使用商標の取消審判

わが国では，先ほども述べたように登録主義を採用しています。この制度の下では，未使用商標であっても登録が可能です。しかし，営業上の信用が化体されていない不使用商標を永続的に保護することは，他者による商標選択の自由を制約するおそれがあります。そこでその修正として，不使用商標の取消審判が認められています（50条）。

### ●8●
# 商標権の効力

商標権とは，**商標権者が指定する商品・役務について登録商**

標を独占的に使用する権利を言います。したがって，商標権が発生すると，効力として以下の権利が認められます。

**商標権の効力**
①**無断使用の禁止** (25条，36条)
②**後願登録の排除** (4条1項11号)
③**使用権の設定** (30条，31条)

　①は最も基本と言える権利で，他人による自己の商標の無断使用を禁止する権利です。②の後願登録とは，さきほど触れた先願主義の裏返しの効果として認められます。つまり，後から他人が同一の商標を登録しようとしてもそれは認められないという効果です。③使用権は，不正競争防止法上では持つことのできない積極的な権利です。使用権は**登録商標の独占的使用権**のことを指します。

　ここで問題となるのが，**商標の「使用権」の範囲**が具体的にどこまでかということです。商標法2条3項には，次のように定義されています。

商標法2条3項

この法律で標章について「使用」とは，次に掲げる行為をいう。

1. 商品又は商品の包装に標章を付する行為

2. 商品又は商品の包装に標章を付したものを譲渡し，引き渡し，譲渡若しくは引渡しのために展示し，輸出し，輸入し，又は電気通信回線を通じて提供する行為

3. 役務の提供に当たりその提供を受ける者の利用に供する物（譲渡し，又は貸し渡す物を含む。以下同じ。）に標章を付する行為

4. 役務の提供に当たりその提供を受ける者の利用に供する物に標章を付した物を用いて役務を提供する行為

5. 役務の提供の用に供する物（役務の提供に当たりその提供を受ける者の利用に供する物を含む。以下同じ。）に標章を付したものを役務の提供のために展示する行為

6. 役務の提供に当たりその提供を受ける者の当該役務の提供に係る物に標章を付する行為

7. 電磁的方法(電子的方法，電気的方法その他の人の知覚によつて認識することができない方法をいう。次号において同じ。)により行う映像面を介した役務の提供に当たり，その映像面に標章を表示して役務を提供する行為

8. 商品若しくは役務に関する広告，価格表若しくは取引書類に標章を付して展示し，若しくは頒布し，又はこれらを内容とする情報に標章を付して電磁的方法により提供する行為

9. 音の標章にあつては，前各号に掲げるもののほか，商品の譲渡若しくは引渡し又は役務の提供のために音の標章を発する行為

10. 前各号に掲げるもののほか，政令で定める行為

コラム

### 【「阪神優勝」問題】

ここで，2003年に話題となった，登録商標「阪神優勝」の問題に触れておきましょう。

2003年，阪神タイガースは悲願のセ・リーグ優勝を果たしました。今まであまりにも使われていなかった「阪神優勝」が，18年ぶりに脚光を浴びます。ところが，この「阪神優勝」というフレーズを，千葉県の男性が2002年2月に商標登録しており，すでにロゴ入りTシャツを販売し，2，3社から商標使用料を受け取っていたのです。

そこで，プロ野球の阪神タイガースは，この男性の商標登録無効を求めて請求を起こし，2003年12月28日に，特許庁は球団側の請求を認め，商標無効の審決を出しました。

審決では，「阪神優勝」の「阪神」は消費者にとって「阪神タイガース」の略称であると認定しました。よって，「商品の出所を混同させる商標は登録できない」という商標の定めに従い，当該商標を登録無効としました。

消費者は「阪神優勝」という名前から，阪神球団公認のグッズだと勘違いする可能性がある（＝出所混同の恐れ）から，そんな商標の登録は認められないということですね。

## ●9● 商標権の侵害が起きたら

　商標権とは，**指定商品・役務についての登録商標の「使用」専有権**を言います（25条）。商品・役務が同一の場合で商標も同一であれば無断使用の禁止（25条，36条）によって保護されます。商品・役務が同一で商標が類似である場合は，37条1項により保護されます。たとえば，「Panasonic」と「Banasonic」は類似の商標であり，後者が侵害商標となります。

### ❖商標，商品・役務の類似性

　ここで，どこまでが商標，商品・役務の類似の範囲となるのか問題となります。判断の基準としては，まず，商品・役務に関する**出所混同のおそれ**があるかです。

*不正競争防止法2条1項にも見られた規定ですね。*

　結局は，いずれかを単独で判断することは意味がなく，商標の類似性と商品・役務の類似性とを相関的に判断していくよりほかありません。たとえば，野球のバットとボールがあったとします。もし「MIZUNO」が，バットだけを指定商品としていたとしても，そのボールにも権利が及ぶと判断するのが妥当でしょう。

　実際判断する際には，商標の外観，呼称，観念など用いて判断します。**外観**とは，視覚的に類似していることを言います。「ライオン」と「マイオン」のように2つの商標が文字，図形等外観を見たときに類似している場合がそうです。**呼称**は，音声も似ている場合です。**観念**とは，「ライオン」と「獅子」の

ように英語，日本語と言語は違っていますが商標の持っている意味が似ている場合を言います。

2つの商標・役務に共通点があるかどうかは，やはり，その出所について需要者に混同を生じさせるか否かにかかっています。

### ❖商標の「使用」

「商標としての」使用とは，**出所識別機能を害する方法での使用**を言います。ですから，他人が登録商標を出所表示として使用しないなら商標権の侵害とはなりません。

たとえば，「セロテープ」が辞書に掲載されていても，ここでいう「商標としての」使用にはあたりません。また，家電量品店などで，商品の展示位置を知らせるために使用するボードなどに「Canon プリンターはこちら」と書かれていたとしても，「Canon」商標の商標としての使用ではありません。単に客に場所を知らせるために使われているだけで，出所を表すために商標を使用しているわけではないからです。

### ❖救済措置

実際に商標権侵害が発生した場合，どのような対抗措置をとることができるのでしょうか。

特許法等でみたように，権利者に対して，侵害停止請求権，侵害予防請求権，および侵害組成物・供与物の廃棄除却請求権等が認められています（36条）。その他，損害計算の鑑定，立証が困難な場合の相当な損害額の認定，信用回復措置および侵害者の過失推定等も特許法の規定が準用されています（39条）。

コラム

## 【ブランドの価値】

　「ブランド」とは，最近では商標自体を表すというより，より広い意味で商品・サービス，ひいては**企業そのもののイメージの総体**を表しています。マーク自体の価値が重要視されるようになると，それ自体が財産的価値を持つようになります。そこで，企業も積極的にマークの価値を高めようと努力するようになり，「ブランド戦略」として企業の中枢を占める活動になっています。そして，近年の企業の事業の多角化・複雑化の流れの中で，統一的な魅力あるブランドを構築することは非常に重要になりました。

　このようにブランドは知的財産としての側面を持っています。そこで，このブランドとマークである商標，そしてそれを保護する商標法との関係を整理しましょう。

　商標は，他人の商標との識別性を持っていることが非常に大切です。というのは，他人の商標と混同するようであっては，商標のブランドイメージの伝達の役目が果たせないからです。そこで，現在の商標法では，対象とする商品が似ている場合であって，マーク自体のデザインが似ている場合には，商標が似ているとして，重複して登録されることがないよう配慮されています。また，先ほど述べた，著名表示の保護や，防護商標登録制度によってもブランドは保護されています。

# 4時間目
# 知的財産法その4
# 意匠法

## ●0● はじめに

　意匠法は，意匠つまり**工業デザイン**を保護します。工業デザインは，商品の外観にあたり，商品の需要を増大させる価値ある情報でありながら，外側に出ているゆえに模倣にさらされやすいものです。意匠法は，このような意匠に模倣禁止権を付与することで，企業に優れたデザイン開発へのインセンティブを与え，かつ，ただ乗りを防止し，公正な競合秩序を形成することを目的としています。

## ●1● 登録要件

　意匠法上の意匠とは，「物品の形状，模様もしくは色彩またはこれらの結合であって，視覚を通じて美感を起こさせるもの」と定義されます（2条1項）。意匠法上の意匠であることは，登録するための第一条件です。要件は以下の通りになります。

---

**意匠の要件**
①物品の形状，模様，色彩またはこれらの結合
②視覚を通じて美感を起こさせるもの

---

　物品とは流通性のある動産をいい，建物の外観等はこの要件を満たさないことから意匠とはなりません。また，砂糖の粒子のように目に見えないものなどは，②の要件を満たさず意匠となりません。
　次に意匠として登録するための登録要件をまとめて見てみましょう。

**意匠の登録要件**
①**工業上の利用可能性** (3条1項)
②**新規性** (3条1項柱書)
③**創作性** (3条2項)
④**不登録事由に該当しないこと** (5条)

　①**工業上の利用可能性**とは，工業生産過程において量産性があることと解されています。ですから，盆栽などは，いかにすばらしいデザインであっても，趣味の範囲である限り工業上の利用可能性がないため登録できません。また，貝の化石などのような天然物も量産性がないため意匠ではありません。

　*工業上とは産業上という意味です。*

　②**新規性**の要件から，意匠登録出願前に日本国内または外国において公然と知られた意匠には意匠権は付与されません。新しい意匠の創作の保護を目的とする意匠法の趣旨から導かれる要件です。

　③**創作性**の規定は，当業者が容易に創作できる意匠は登録されない旨を定めています。容易に創作できる意匠に独占的な実施権を与え他人の自由を制限してしまうと，産業の発展に役立たないためです。たとえば，単なる既存の意匠の組み合わせや，位置を変更しただけの意匠などが容易に創作される意匠に当てはまります。

　④**不登録事由**については，公序良俗に反しないこと（1号），出所の混同を生じないこと（2号），物品の機能を確保するのに不可欠な形状のみからなる意匠ではないこと(3号)の3つを

含んでいます。1号については，特許法，商標法でもおなじみ
です。

他人の業務上の物品と混同を生じる恐れがある意匠は，登録
が拒否されます (2号)。他人の著名なマーク等を自己の物品
にほどこした意匠などがこれにあたります。

## ●2● 意匠出願・登録

意匠権発生については，特許法と同様の考え方が多く導入さ
れています。まず，意匠権は意匠登録によって発生します (20
条)。権利主義であり，審査主義 (16条) および先願主義 (9
条) も採用されています。出願においては，経済産業省で定め
る区分にしたがって意匠ごとにする「一意匠一出願」の原則が
採られています (7条)。

ただ，特許出願では，実体審査は出願審査請求制度にのっと
り出願人の請求がなければ行われません。この点，意匠出願は，
早期保護の必要性からこのような制度は採っていません。

審査官は，審査の結果拒絶理由を発見しないときは，意匠登
録すべき旨の査定をしなければなりません (18条)。しかし，
拒絶理由が発見され，意見書の提出や補正によっても当該拒絶
理由が解消されないときは拒絶査定をします (17条，19条)。

出願人は，登録料を納付すると，意匠権の設定の登録が完了
します (20条2項)。権利は設定登録日から20年間存続しま
す (21条)。

注意！特許権は、登録日から20年ではなく、
　　　　出願日から20年でしたね。

146

## ●3● 意匠権の侵害が起きたら

　**意匠権**は，登録意匠または類似意匠を業として独占的に実施する権利を言います（23条）。特許権は同一性の範囲内しか効力は及びませんが，意匠権では類似意匠にも権利が及びます。

　よって，意匠権の侵害の成立要件は以下のようになります。

**侵害成立要件**
①業として
②類似の意匠を
③実施すること

　「業として」とは，いわばプロ対プロの業者間という意味で，個人が趣味の範囲で行う場合は「業として」にはあてはまりません。「類似」には意匠の特徴から物品類似と形態類似が考えられます。意匠は商品の形態，つまり外観であることから，形態の類似が「類似」に含まれるわけです。2条3項によると，「実施」とは，物品の製造，使用，譲渡，貸し渡し，輸出，輸入などの行為を言います。

### ❖救済措置

　では，侵害行為が発生した場合，どのような救済が可能でしょうか？　意匠権の侵害に対しては，特許権のところでみたように，差止請求（37条）や損害賠償請求（民法709条，39条，40条）等の民事的救済措置が認められています。

　意匠権は登録意匠または類似の意匠を業として独占的に実施

する権利を言うため，独占的実施を侵害するもの，もしくは侵害する恐れのある者に対し，その侵害行為の停止または予防を請求することができます。

損害賠償請求については，民法の原則である被害者側の立証責任が，加害者つまり侵害者の側に転嫁されているので注意してください。これは，知的財産関連の訴訟に特有の，立証の困難さが理由であり，同じ理由で，損害額の推定規定（39条）や，過失の推定規定（40条）が置かれています。

## ●4● 特別意匠登録制度

意匠法では，商品の外観に応じた保護を図るため以下のような特殊な制度を定めています。

①部分意匠
②組物意匠
③秘密意匠
④関連意匠

それでは，順に見ていきましょう。

### ❖部分意匠（2条1項かっこ書き）

**部分意匠**とは，物品全体から物理的に分離できない部分の登録を認める制度です。平成10年の法改正で新しく加えられました。これにより，たとえ一部分が模倣された場合でもその部分が登録されていれば侵害として訴えることができるようになりました。たとえば，バイクのヘルメットの通気孔のデザイン

など，特定の部分の登録がこれにあたります。

## ❖組物意匠（8条）

　組物意匠とは，同時に使用される二つ以上の物品の単一登録を認める制度です。ナイフ・フォーク・スプーンのようにセットでひとつの商品となるものや，オーディオのセットなどがこれにあたります。

　組物の意匠権は，組物全体でひとつの意匠権が成立しているため，個々の物品については権利が及びません。ですから上の例で，セットのうちナイフの意匠のみを他人が模倣しても，権利侵害で差止請求をすることはできません。したがって，あらかじめ個々の物品に係る意匠についてもそれぞれ出願しておくとよいでしょう。

## ❖秘密意匠（14条）

　秘密意匠とは，登録後最長3年間は公報に掲載しない登録を言います。意匠権は特許庁への登録から20年間存続します(21条)。つまり，登録し権利を取っておいて，実際に実施するまでは秘密にしておくわけです。本号の趣旨は，企業のデザイン開発後の販売戦略の保護をはかることにあります。

## ❖関連意匠（10条）

　関連意匠とは，自己の出願に係る意匠または自己の登録意匠に類似する意匠を言います。本意匠に類似する意匠である関連意匠は，本意匠の登録出願の後から意匠公報発行の前に，登録出願がなされた場合には登録を受けることができます。類似意匠の保護範囲を拡大する制度です。

コラム

## 【比較】不正競争防止法 vs.著作権法 vs.意匠法

　わが国では，デザインはいくつかの法律で時に重複的に保護され
ています。ここまでで勉強してきた意匠法は，登録によって権利が
発生しましたが，不正競争防止法は権利というものは付与されずに
保護されます。しかし，保護期間を見ると，意匠法では登録日から
20年権利が存続するのに対し，不正競争防止法ではわずか3年しか
保護されません。

　また，デザインは美的創作であることから著作物として著作権法
でも保護されます。意匠法では，権利発生には登録が必要でしたが，
著作権法は無方式主義を採用しており，なんら登録などせずに権利
が発生します。さらに，保護期間も著作権法では公表から50年と
意匠法に比べその保護が厚くなっています。しかし，意匠法は登録
という過程を経ている分，その保護は**絶対的**です。著作権法であれ
ば，偶然著作物が酷似していた場合は，著作権の侵害は成立しませ
ん。これを相対的保護と言ったりします。

# 5時間目
# 知的財産法その5
# 実用新案法

# ● 0 ●
# はじめに

1970 年代までは順調に出願件数を伸ばしていた実用新案制度でしたが，高度成長を経て技術水準が向上し，1981 年に入って初めて特許出願件数を下回るようになりました。その後も特許出願は増加し続け，反比例するかのように実用新案出願は減少の一途をたどりました。

そこで，実用新案出願に係る商品は早期の実施が多く，また，製品サイクルの短期化の傾向が見られることから，そのニーズにこたえるため平成 5 年に抜本的な改正がなされました。

特に，実体的要件審査を行わない無審査・事後評価型に移行したことは，早期登録を可能とする画期的なものでした。また，実体審査をしていない実用新案権の権利の濫用を防止する制度も同時に導入しました。しかし，現在も実用新案出願件数の減少傾向は続いており，制度自体の改正の必要性が叫ばれています。

本書では，このような状況を踏まえ，実用新案法については特許法との違いを中心に解説を進めていきます。

# ● 1 ●
# 実用新案

**実用新案**とは，「物品の形状，構造または組み合わせに係る考案」を言います。ここで「物品」とは，一定の形態を有するものと解されており，方法や目に見えないものの考案等は除外されます。

考案は「自然法則を利用した技術的思想の創作」である必要があり，この文言は特許法に見たものと同じです。ただ，「考案」は，特許法の「発明」に比べ進歩性の要件のハードルが低いことが特徴です。進歩性の要件も，実用新案法においては，

152

「きわめて容易に」考案することができた場合は進歩性が否定されます。これに対し，特許法においては「容易に」発明することができた場合に進歩性が否定されます。

## ●2●
## 実用新案出願・登録

平成5年の法改正により導入された**無審査主義**により，権利の発生には実体審査は必要とされません。これは，実体審査を要する特許制度との大きな違いです（実用新案法14条）。

手続きでは，産業上の利用可能性・新規性・進歩性・先願性は審査しませんが，物品性と不登録事由の審査等，基礎的要件の審査が行われます。これにより最近では，出願から約5ヶ月という早期の権利化が可能となっています。実用新案権の設定登録の後，考案の内容は公報に掲載されて万人に公開されます。

しかし，このままでは権利として完全とは言えず，実用新案技術評価書の作成が必要です。

**実用新案技術評価書**とは，出願にかかる考案や登録実用新案に関する技術的な評価であって，一定の規定により実用新案登録を受けることができるかどうかの評価を言います（12条1項）。無審査登録制度により，当事者間だけでは権利の有効性の判断が難しくなったため，客観的な判断資料として実用新案評価の請求をできるようにしたのです。実用新案登録が無効になった場合，侵害者に対する権利行使・警告の際に実用新案技術評価書を提示していなかったら，損害賠償義務を問われうることになります（29条の3）。

ちなみに実用新案権の存続期間は，出願の日から10年です。

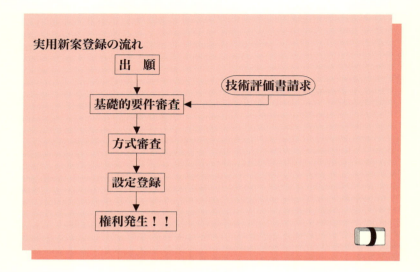

### ❖実用新案権侵害にあったら

**実用新案権**は，自己の物品に係る考案を専有する権利（16条）であり，その侵害行為に対しては，差止請求（27条）および，損害賠償請求（民法709条）等が認められます。ただし，特許法と異なり過失推定の規定はありません。

また，現在の実用新案制度上，当事者間の判断等でしか権利の有効性は判断できません。そこで，さきほどの実用新案技術評価書の規定が実用新案権者の権利の濫用を防ぐ役割を果たすことで，権利の適正な行使を促しています。

コラム

## 【比較】特許法 vs.実用新案法

　出願人にとって，特許制度と実用新案制度を使い分けるメリットは何でしょうか。

　実用新案制度は，先ほどから述べてきたように無審査主義を採用しているため，早期の権利化が可能です。またもっぱらライフサイクルの短い技術を扱うものであり，その権利の存続期間も，特許法の20年に比べて登録出願の日から10年と短くなっています（15条）。

　なお，出願傾向としては，実用新案出願者は特許出願者に比べて外国人の割合が低く，また個人の割合が高いようです。特に，家庭用品や娯楽のような生活用品の分野での出願割合が高まっています。

### 比較！特許法と実用新案法

|  | 実用新案法 | 特許法 |
|---|---|---|
| 実体審査 | なし（方式審査のみ） | あり |
| 侵害者の過失推定規定 | なし | あり |
| 権利の存続期間 | 出願日から10年 | 出願日から20年 |
| 「進歩性」要件 | 「きわめて容易に」考案できないもの | 「容易に」発明できないもの |
| 評価書制度 | あり | なし |

# 6 時間目
# 知的財産法その6
# 著作権法

## ●0● はじめに

2002年の政府の知的財産立国宣言により，わが国の知的財産保護は強化され法整備が進んでいます。もちろん，他の知的財産とは少し毛色の違う文化分野を規律する**著作権法**も例外ではありません。

特に最近では，コピー技術の発達によって著作権侵害が横行しているためその保護は急務となっています。また，インターネットの普及により，誰もが簡単に情報をコピーしたり，自分の作品を発表・公開したりできる世の中になりました。平成12年から新たに著作権法も弁理士試験の出題範囲となったことも，著作権法の重要性を表しています。また，平成15年から高校の「情報」の授業で著作権の尊重を教えるようになり，教育の分野にも著作権の考え方が導入されています。

今後，ますますこのような傾向は進むと考えられることから，知的財産関連法規の中でも最も注目を浴びている法律の一つでしょう。

## ●1● 著作権とは

著作権は，簡単に言うと，「**他人の著作物の複製を禁止する権利**」です。英語では著作権のことを copyright と言います。

copyrightを直訳すると、「コピーする権利」となり、「複製権」の意味であることからもわかりますね。

これは，著作権がもともとルネッサンス期の複製権の一つ，出版権に起源を持つことからきています。それでは，著作権制度はいつから，どのようにスタートしたのか，著作権の始まりと制度の歴史を少し解説しておきます。

## ❖著作権制度の歴史

古代や中世の時代には，著作権という概念は存在していなかったようです。それゆえ，社会的な制裁を受けることもなく，作品の改変・複製はかなり自由に行われていたといえるでしょう。

しかし，1450年ごろ，ドイツの**グーテンベルクによる活版印刷技術の発明**がこの状況を大きく変えました。印刷技術は，簡単に大量の著作物のコピーを可能にし，あっという間にヨーロッパ各地で大量複製された著作物が売られるようになりました。そして，著者や，著者に委託された出版社以外の出版社らの無断複製が横行するようになりました。

そこで，**正当な権利者を保護する**ために生まれたのが著作権制度でした。このように，著作権は，**出版権という複製権の一つから発展してきた**もので，当初は文芸作品や，学術論文がその保護の対象でした。

著作権が法律で明文化されたのは，1710年にイギリスで制定されたアン法（Statute of Anne）が最初です。

さて，わが国における著作権法の始まりはというと，意外に古く，明治2年の取締法規・**出版条例**です。その後，明治20年に著作者人格権に関する規定がおかれるなどの改正を経て，明治32年（1889年）に**旧著作権法**が制定されるにいたります。特に，ベルヌ条約加盟の準備・調整として改定されたので，日本も欧米先進諸国並みの体制を整えました。

その後，数回の部分改訂を経て，昭和45年，条文を大幅に増やし，ほぼ全面改正された現行の**著作権法**が制定されます。以後，国際条約の改正や，インターネットなど時代の要請に応じて改正作業は頻繁に行われています。

**6**著作権法 ▶ 159

### ❖著作権法の目的

　先ほども述べたように，著作権の始まったきっかけは，「他人の無断複製の禁止」にありました。時代を経て，現行の著作権法では，著作権法1条において以下のような目的を置いています。

---

**著作権法の目的**
**①権利者の保護**
**②著作物の公正利用**
**③文化の発展に寄与**

---

　これらは，今まで述べてきた知的財産に共通する考え方ですね。つまり，権利者の保護を図ることによって新たな創作活動にインセンティブを与え，一方で公衆への利用も促すことで**文化の発展**を目指します。

　著作権法でも，権利者の保護と同時に，著作物の私的利用 (30条) や図書館での複製 (31条) を認めたり，保護期間を設けることで，公衆への著作物の利用を限定的に認めるというバランスをとっています。

# コ ラ ム

## 【比較】著作権 vs. 特許権

　特許法の目的は「産業の発展」に寄与することでしたが，著作権法では「文化の発展」となっています。この目的の相違から，その様式にも違いがいくつか見られます。

　まず，特許権は登録によって権利が発生する登録主義を採用していますが，著作権は登録なしで著作物を創作すれば権利が発生する無方式主義を採用しています（17条2項）。

　また，保護の範囲も違っています。特許法では，たとえば，誰かが先に登録している発明については，たとえあなたが全く独立にその同じ発明を完成させたとしても，あなたは登録することはできません。このように，特許法の保護は，絶対的で排他的なものです。

　これに対し，著作権法では，誰かが先に創作した著作物と，あなたがまったく独立して創作した著作物が同一であっても，あなたは著作権を主張することができるのです。著作権という多様性の世界では，個人の個性が現れていることが大切なのであって，偶然まったく同じものができても，どちらの個性も否定することはしません。このような保護のあり方を，特許法の保護に対して，**相対的保護**と言います。

　他に，特許法や意匠法などでは，審査を通して最終的に登録されるには登録料を払わなければなりません。しかし著作権法は，基本的に登録料を納付する必要はありません。

　最後に，保護期間を比較してみましょう。特許法は，出願日から20年，実用新案法は出願日から10年，意匠法が設定登録日から20年と短めに設定されています。あまり長い間独占を認めるのは，産業の発展という目的から好ましくないと考えるからです。これに対し，著作権法では，著作物の創作時から著作者の死後50年までと非常に長く設定されています。

　ちなみに，商標法は，商標に化体する信用は長く持続されること

**❻**コラム ► 161

が予定されるため，半永久的に保護されるようになっていましたね。
　それでは，図でまとめておきましょう。

**比較！著作権法と特許法**

|  | 著作権法 | 特許法など |
|---|---|---|
| 目的 | 文化の発展に寄与 | 産業の発展に寄与 |
| 権利の発生 | 無方式主義 | 登録主義 |
| 保護範囲 | 相対的保護 | 絶対的保護 |
| 登録料 | なし | あり |
| 保護期間 | 長め | 短め（ただし商標法を除く） |

## ●2● 著作権で保護されるもの

著作権は，文芸・学術・芸術に関する表現，つまり**著作物**を保護の対象としています。

正確には，**著作物**とは「思想又は感情を創作的に表現したものであって，文芸，学術，美術又は音楽の範囲に属するもの」と定義されます（2条1項1号）。この規定は非常に重要なので下の黒板に著作物の要件としてまとめておきます。

**著作物性の要件**
①思想または感情
②創作性
③表現性
④学術性

それでは，一つずつ要件を勉強しましょう。

### ❖思想または感情

著作物は，**思想または感情**が表現されたものでなければなりません。ですから，当然著者の思想や感情を表さない表現や，誰が表現しても同じになってしまう表現は保護されません。また，単なるデータである電車の時刻表や料金表もこの要件により除かれます。

### ❖創作性

著作物には何らかの創作性があることが保護の前提となりま

す。創作過程において他人の作品を模倣したものでないこと，つまり，著作物に**著者のクリエイティブな要素があること**が必要です。たとえ精緻に作りあげられた彫刻であったとしても，単なる模倣物は「創作性」の要件を欠くため著作物とは認められません。

ただ，「創作性」といっても"世紀の傑作"でなければならないという意味ではもちろんありません。判例・学説によると，単に**著作者の「個性（オリジナリティー）」が何らかの形で表現されていれば足りる**としています。

もうひとつ重要なポイントは，**創作性が高度であるか否かを裁判官は判断しない**ということです。つまり，創作結果についてはその芸術性，学術性は問われないわけですね。ですから，たとえば小学生の子供が鉛筆で描いた絵についても創作性は認められます。著作権法の世界は，特許法の規律する技術の収斂<sup>しゅうれん</sup>の世界とは違って，よりよい方向に進歩していくようなものではありません。著作権法は，個人の多様性の世界を規律するものであり，他人と違っていることに意味を見出します。このような理由から，著作物が学術的，芸術的に高度か否かという判断は司法判断にはなじまないとされます。

### ❖表現性

著作物は**表現されたもの**でなければなりません。表現と「アイデア」，「技巧・技法」，「キャラクター」などは別であるということもおさえておくべきポイントです。これを，**表現アイデア二分論**と言います。たとえば，推理小説のトリックや物語のプロットなどが「アイデア」であり，ゴルフのスウィング方法や，ピアノの演奏方法などは「技巧・技法」にあたります。これらは著作権と切っても切れない関係ですが，それ自体では著

作物とはなりません。これらは「表現の基礎」であり，「表現するために必要」ではありますが，それ自体は「表現」ではないのです。もちろん，コツや技巧を本にまとめれば，言語で表現されているので著作物となりえます。

つまり，著作物として保護の対象となるには，「表現」され，外に現れている必要があります。ただ，表現されていればよく，本のような有体的で物に固定されていなくとも著作物となります。たとえば，劇中のアドリブや即興演奏などもその表現自体は著作物として保護されます。

## ❖学術性

著作物は「文芸，学術，美術または音楽の範囲に属するもの」でなければなりません。この要件から，特許法で保護される技術的創作が除かれます。

2条の定義規定だけからでは具体性に欠けるので，実際に著作権法において著作物として列挙されているもの（10条）を見ていきましょう。

**❻著作権法 ▶ 165**

**著作物の具体例**
**①言語著作物**
**②音楽著作物**
**③舞踏または無言劇の著作物**
**④美術著作物**
**⑤建築著作物**
**⑥図形著作物**
**⑦映画著作物**
**⑧写真著作物**
**⑨プログラム著作物**

### ①言語著作物

　**言語著作物**とは，小説・脚本・論文・講演その他の言語によって表された著作物を言います。点字や手話等によるものも含まれ，言語によって表現されない口頭での講演・講義なども含みます。

　単なる時候の挨拶や日常的な通信文，標語などは，創作性がなく，著作物とは言えないとされています。ただ，ある人が友人に宛てた手紙で著作物性が認められた有名な事件があるので紹介しましょう。

　作家・三島由紀夫氏が生前にＹ宛に送った未公表の手紙が，氏の死後，Ｙの自書に掲載され，氏の相続人らが著作権の侵害に当たるとして訴えました。これに対しＹは，手紙は実用文であって著作物性は認められないとして反論しました。裁判所は，手紙には三島由紀夫氏の感情・抱負・人生観などが反映されており，手紙であっても著作物性を満たすと判断しました。

166

## ②音楽著作物

思想または感情が音によって表現されている著作物を**音楽著作物**と言います。楽曲の歌詞はそれ自体が言語の著作物であるのと同時に，それを歌い演奏することは音楽の著作物となります。ピアノやフルートなどの楽器の独奏曲のように歌詞を含まないものもあります。

## ③舞踏または無言劇の著作物

舞踏または無言劇の振り付けが著作物となります。舞踊や無言劇の演技自体は著作物には当たらず実演となります。

## ④美術著作物

絵画・版画・彫刻など思想・感情を線・色・明暗などをもって平面的・立体的に表現したものを言います。

美術著作物は，純粋美術と応用美術に分けることができます。**応用美術**とは，一般的に，大量複製され，産業用途，つまり実用品としても用いられるような美術品を言います。これに対し**純粋美術**とは，それ自体美的観賞に値するものであり，かつ実用性を持たないものを言います。純粋美術自体が著作物の保護対象であるのは異論がないところですが，応用美術に関しては明確な規定はありません。実はここで，「文芸，学術，美術または音楽の範囲」という学術性の要件が問題となります。もちろん，実用品であるというだけで，当然に著作物性が否定されるわけではありません。辞書や建築，図面，プログラム，データベースも個人の個性が現れていれば著作物となります。

また，絵画がポスターやポストカードに用いられるなど，美術が実用品に用いられる例はいくらでもあります。

この点，裁判例は「大量生産品であっても著作物たり得る」

**6** 著作権法 ► 167

と解釈しています。純粋美術と同視できるものに対しては学術性ありと判断したのです。これにより，機械を使って大量に生産しているような仏壇彫刻も著作権法の保護の対象である美術の著作物と解釈されました。

## ⑤建築著作物

**建築著作物**とは，思想または感情が土地の上に建てられた物によって表現されている著作物を言います。したがって，設計図の段階では建築著作物としては保護されず，次の⑥図形著作物として保護されます。

著作物性のある建築物は，宮殿，橋，教会，寺院など外観が美術的に創作されている建築物であり，一般的な住宅などはこれに該当しません。

## ⑥図形著作物

地図または学術的な性質を有する図面，図表，模型その他の図形の著作物であり，思想または感情が図の形状・模様等によって平面的・立体的に表されている著作物です。

地図は，山，海，町名，建物など個々の素材の取捨選択に個性が見られる場合に著作物となります。

## ⑦映画著作物

著作権法の世界では，私たちが普段「映画」と呼ぶものの他，「映画の効果に類似する視覚的又は視聴覚的効果を生じさせる方法で表現され，かつ物に固定されている著作物」は**映画の著作物**に含むとされています（2条3項）。以下にこの映画の著作物たる要件をまとめておきます。

**映画著作物の要件**
①映画の効果に類似する視覚的または視聴覚的効果を生じさせる方法で表現されていること
②物に固定されていること
③著作物であること

　もちろん，3つ目の「著作物であること」という要件を満たすには，著作物の3要件（表現性，創作性，学術性）を満たしている必要があります。著作権法は，映画の場合にのみ著作者は，「制作，監督，演出，撮影，美術等を担当した，映画の全体的形成寄与者」とすることにしました（16条本文）。たとえば，助監督やカメラ助手などは部分的形成寄与者とされ映画の著作者には該当しません。映画にのみ特別な規定がおかれた背景には，映画という著作物の特性があります。映画はシナリオ・ライター，監督，助監督，カメラマン，作曲家，俳優など大勢の人間で作られているため，その著作権処理手続きの円滑化をはかる目的があったのでしょう。

⑧**写真著作物**
　**写真著作物**とは，思想または感情を一定の映像として表現する著作物を言います。
　ただ，写真が創作性がある著作物として認められるためには，被写体をそのまま写しているだけでは足りません。たとえば，裁判所は平面的な作品である版画を撮影した写真には創作性が欠けるとして保護を否定しました（東京地裁平成10.11.30，版画の写真事件）。つまり，写真の著作物として保護されるには，

被写体を忠実に再現しただけでは足らず，被写体の選択，アングル，カメラの絞りなどに創作的表現が必要です。

### ⑨プログラム著作物

**プログラムの著作物**とは，電子計算機を機能させて一の結果を得ることができるように，これに対する指令を組み合わせたものとして表現した著作物を言います。

電子計算機とは、コンピュータを指します。

ただ，創作性が前提条件であるため，プログラムを表現するためのプログラム言語は保護されません。また，通信プロトコルという規約や，命令の組み合わせの方法としての処理の手順なども「解法」なので，プログラムの表現とは言えず保護されません（10条3項）。なお，プログラムの保護は著作権法によるものに限られません。特許権法においてもソフトウェアとしてのプログラムが一定の要件を満たせば発明として保護されることがあります。

上記の一般的な著作物とは別に，一定の条件はありますが，編集著作物（第12条1項），データベース（12条の2），二次的著作物（11条）なども著作物とされます。以下に，重要な論点となるものを説明していきます。

### ❖データベース

**データベース**とは「論文，数値，図形その他の情報の集合体であって，それら情報を電子計算機を用いて検索することができるように体系的に構成した」ものを言います（2条1項10号の3）。ただ単に，五十音順に配列した電話帳には著作物性は認められませんが，職業的電話帳に関しては職業の選択，配

列に個性が認められるならば創作性は認められ，データベースの著作物であるとした判例があります (NTT タウンページデータベース事件)。したがって，データベースの著作物が保護されるのは，個々のデータではなく，その体系的な構成が認められる場合です。

また，データベースも編集物と言えますが，「データベース」に該当する場合，「データベースの著作物」となるので編集著作物の編集物からは除かれます。というのは，データベースの場合の創作性は「素材の選択または配列」のみではなく，編集著作物の場合とは異なった創作行為が含まれるからです。

*データの体系付けその他*
*検索を容易にする機能など*

### ❖二次的著作物

著作権法 2 条 1 項 11 号において，**二次的著作物**とは，「著作物を翻訳し，編曲し，若しくは変形し，または脚色し，映画化し，その他翻案することにより創作した著作物をいう」と定義されています。要するに，原著作物をもとに新しい著作物が創作される場合のその著作物のことです。編集著作物と似た概念だと言えます。小説の著作物を映画化したもの (映画の著作物) は典型的な二次的著作物であり，ハリーポッター日本語版 (外国小説が日本語に翻訳されたもの) などもこれにあたります。これらは，原著作物である小説とは別に著作権法の保護の対象とされています。

二次的著作物と原著作者の権利を争った有名な事件に「キャンディ・キャンディ事件」があります。判例は，漫画が二次的著作物であるとし，原著作物の作者は，二次的著作物 (＝出来上がった漫画) の利用に関して，二次的著作物の著作者 (＝漫

**6** 著作権法 ▶ 171

画家) が有するのと同一の権利を有することになります。よって，二次的著作物を利用する場合には，二次的著作物の権利者だけでなく原著作物の権利者の許諾も必要になります (28条)。

### ❖権利の目的とならない著作物

13条には，そもそも著作権の対象とされない著作物が規定されています。著作物性の3要件（表現性・創作性・学術性）を満たし，10条〜12条の著作物例示にあたる著作物であっても，**国民の権利と義務に関わるような公共性の高い著作物**は，著作者の権利がありません。黒板を見てください。

---

**権利の目的とはならない著作物**
①**憲法その他の法令** (13条1項1号)
②**行政庁が発する告示，訓令，通達など** (2号)
③**裁判所の判決等** (3号)
④**法令等の翻訳物・編集物で国等が作成するもの** (4号)

---

これらは国民が知る必要があるもので，その周知徹底をはかるためにも自由利用が許されています。たとえば，裁判例などは自由に引用・加工ができます。ただし，「国等が作成するもの」のみであり，私人が作成したものに対しては著作権が及ぶので注意してください。

コ ラ ム

### 【キャラクターの保護】

**キャラクター**は，「アニメーション，漫画などに登場する人物の容貌，姿態，性格などを表現するもの」です（東京高裁，サザエさん事件判決）。作者が特殊に性格等を与えた人物や動物がそうです。最近ではこれらが使用された，いわゆるキャラクターグッズが売られるようになり人気を得ています。そこで，人気に便乗しようとキャラクターが無断で使用されるケースが増えています。キャラクターを商品として利用する権利は**商品化権**と言われ，今では法律上保護されるべきであると考えられている権利です。

ちなみに，芸能人など実在の有名人物に関する商品化権は「**パブリシティー権**」と言われ，保護される法理が確立しています。パブリシティー権については著作隣接権のところで詳しく説明します。

## ●3●
# 著作権は誰のものか

　著作物の創作者を**著作者**と言います（2条1項2号）。著作権はその発生要件として，登録や表示といった方式を一切必要とせず，著作物の創作と同時に権利が発生する**無方式主義**を採用しています。よって，著作権は著作物を創作することでただちに発生します（17条2項，51条1項）。ここで「創作する」とは作品として「完成させる」ことを意味するわけではありません。したがって，未完の作品でも著作物性が認められれば，その作品についてその著作者に著作権が発生します。さきほど表現性の要件のところで見たように，著作物は外に現れていればよく，完成しているか否かを問いません。よって，草稿やスケッチの段階であっても，著作物性を満たしうることになります。

　通常，著作権者と著作人格権者は一致するものですが，例外的にそれぞれ違う主体がこれらの権利を有することがあります。

### ❖職務著作

　特許法のところでも勉強した「職務発明」を思いだしてください。職務著作の考え方の基本的なところはこれと同じです。

　**職務著作**は，法人その他使用者が著作権法上の著作者となるような著作を言います。具体的には，(1)会社など法人の決定で (2)従業員が (3)仕事上作った著作物の場合その著作物は (4)会社名義で公表される，ということになります。ただ，注意していただきたい点は，法人が著作者といっても実体のない団体が何かを創作できるわけではなく，実際には，会社等に勤める誰かが上司の命令等で創作した著作物ということです。

　ですから，当事者間に職務著作としない旨の特別な取り決め

があった場合はそちらが優先されます。よって，実際に創作した従業員が著作者を名乗ることも可能です。

**職務著作の要件 (15条1項)**
① 法人の発意
② 業務従事者
③ 職務上の作成
④ 法人名義での公表

### ❖共同著作

著作物の創作過程において複数の者が関与した場合には，**創作した全員がその著作物の著作者**になります。このような著作物は**共同著作物**（2条1項12号）と言われ，その著作権は，複数の者の「共有著作権」になります。共同著作権とも言います。

*特許権の共有のところと基本的な考えは同じです。*

共同著作として認められるには，以下の要件を満たす必要があります。まず①創作過程の共同性があることです。たとえば，共同論文やリレー小説などがそれにあたります。つまり，複数が相互依存関係にあることを言い，論文集など個々の作品に依存関係がない集合著作物と区別されます。また，翻案集などのどちらか一方がもう一方の作品に依存しているような二次的著作物も排除されます。次に②創作結果の分離不可能性が必要です。これは，歌詞（言語著作物）と楽曲（音楽著作物）のよう

なそれぞれ独立した著作物が合わさってできた結合著作物を共同著作から排除しています。

> **共同著作の要件**
> ①創作過程の共同性
> ②創作結果の分離不可能性

　共同著作には，その権利行使に際していくつかの制限が加わってきます。まず，利用を決定するには，共有者全員の合意が必要となります。(65条1項) したがって，担当した箇所に対しても著作権は創作に関わった全員が合意しなければ行使できないのです。

　また，代表者を立てることは可能ですが，その場合も善意の第三者には対抗できません。つまり，それと知らない（＝善意）外部の人（＝第三者）に対して自分が代表であることを訴え（＝対抗し）てもそれは受け入れられません。

　著作権の持分を譲渡したり，それに質権を設定するなどの場合にも，単独で行うことはできず他の共有者の同意が必要になります。権利を行使する際に全員の合意が必要であるため，共有者が誰であるかということは重大な関心事となるためです。しかし，著作権の侵害が発生した際には，単独でその差止請求・損害賠償請求が可能です (117条)。

## ●4● 著作権いろいろ

　さきほども触れたように，著作権は，出版権という複製権の一つから発展してきたもので，その後，改変を禁止する権利な

ども加えられていきました。

よって，著作権はそれで一つの権利ではなく，「多くの権利の束である」という点が他の法律とは大きく違っています。著作権は，英語で bundle of rights＝支分権の束と言われ，複製権をはじめ多くの権利からなります。一つひとつの権利ごとに個別的に譲渡し，またライセンス契約することも可能なのは著作権の特徴です。実際に，著作権者が著作権を活用する際には，出版権，上映権，翻訳権と個別にライセンスするのが普通です。

具体的にはどのようなものがあるか見ていきましょう。

**著作権の種類**
複製権 (21条)，翻案権 (27条)，
上演権・演奏権 (22条)，上映権 (22条の2)，
公衆送信権 (23条1項)，伝達権 (23条2項)，口述権 (24条)，
美術的著作物などの展示権 (25条)，
頒布権 (26条＊映画著作物についてのみ)，
譲渡権 (26条の2)，貸与権 (26条の3＊映画著作物を除く)

これらは，すべて財産的な権利であり，言い換えれば，著作権とは**著作物を利用して経済的利益を得る権利**だとも言えます。以上は財産的な側面に着目した著作権であり，狭義の著作権とも，著作財産権とも言われます。これに対し，広義の著作権とは，この著作財産権と，次に説明する著作者人格権を合わせたものを言います。

## ❖ 著作者人格権

　**著作者人格権**は，著作者が自己の著作物に対して有する人格的，精神的利益を保護し，著作者としての地位から生じる権利を保護します。具体的には，以下のような権利からなります。

---

**著作者人格権**
①公表権（18 条）
②氏名表示権（19 条）
③同一性保持権（20 条）

---

　著作物は財産的価値を生むものであるとともに，そもそもは著作者の思想・信条に由来する創造物であったことからこのような規定が置かれています。

### ①公表権

　**公表権**とは，著作者が，その未発表の著作物（その同意を得ないで発表されたものも含む）を公衆に公表するか否か，またはどのように公表するかを決める権利を言います。一度公表された著作物に対してはこの権利は主張できません。ただし，著作者の同意を得ないで勝手に発表された著作物についてはこの限りではありません。

### ②氏名表示権

　著作者は，自らの著作物の創作者であることを主張し，表示することができ，著作物の公表の際に，実名を明かすか，筆名（ペンネーム）を用いるか等を自分自身で決定する権利を有し

ます (19条1項)。著作物を利用する者は，著作者が名前に対してこれといった希望がないなら，その表示された著作者名を表示します (19条2項)。よって，意図的に氏名を表示しない，または無断で筆名などを変えた場合は，いずれも氏名表示権の侵害となります。著作者でない者が著作者であると名乗った場合も，その行為自体が真の著作者の氏名表示権を侵害したことになります。

### ③同一性保持権

**同一性保持権**とは，著作物の完全性を保持し，著作者の意に反する変更，切除その他の改変に対して異議を申し立てる権利を言います (20条1項)。よって，他人が無断でこれらの改変を行った場合，原則同一性保持権の侵害となります。ただ，「意に反する」という文言は時に強力すぎて，著作物の利用を不当に制限する可能性があります。そこで，著作者がたとえ嫌だといっても，以下の場合は「やむを得ない場合」として例外的に改変を認めています (20条2項)。

①**教育目的 (1号)**
②**建築物の増改築 (2号)**
③**プログラムのバグ修正・バージョンアップ (3号)**

また，4号で，「著作物の性質並びにその利用の目的及び機能に照らしやむを得ないと認められる改変」は侵害に当たらないと規定しています。

例えば，映画をテレビ放送の際にトリミングすることは同一

性保持権の侵害にあたるでしょうか？

*トリミングニの場合は縦横比を変えること*

　確かに，縦横比を変えてしまうことは，1項に言う「著作物の切除」にあたりそうですが，ここでは4項の「やむを得ない改変」と判断されています。

　著作者人格権は，著作者の一身に専属し，これを他人に譲渡することはできません（59条）。相続も，著作者の人格的なものなので許されません。したがって，著作者人格権は著作者が死亡すると消滅します。ただし，著作者の死後といえども，その著作者人格権を侵害するような行為は，原則として禁止されています（60条）。

## ●5●
## 著作権も制限される

　著作権が認められると，著作物の独占的利用が保障されます。しかし，特許権のところで見たように，独占的利用が無制限に保障されるわけではありません。

　本来，表現は自由であるべきであり，著作権という制度はこの表現の独占を認めることで，他人の表現の自由を制限しています。したがって，公衆の表現の自由という目的のために制限が加えられます。

### ❖著作権の保護期間

　著作権が保護されるのは，原則として，**著作者の死後50年間**となっています（51条2項）。50年は著作者死亡の翌年1月1日から数えます（57条）。

　無名または筆名（雅号，略称など）の著作物に関する著作権の保護期間は公表後50年とされています（52条1項）。複数

の者が創作に関わった共同著作物の場合には，最後に死亡した著作者の死後50年間存続します（51条2項かっこ書き）。職務著作によって法人その他の団体名義の著作物は，その保護期間は公表後50年となります（53条1項）。創作後50年以内に公表されなかったときは創作後50年になります。さらに，映画の著作物については特別に規定が置かれており，公表後70年まで保護されます（54条1項）。

### ❖権利内容の制限

著作権法は，1条で，「著作者等の権利の保護をはかり，もって文化の発展に寄与する」ことが目的だと宣言しています。そこで，**著作者の適正な権利保護**と，**公衆の公正な利用の保護**のバランスをとるため，利用者側が一定の条件を満たした場合には著作者の権利に制限を加えることがあります。

なお，この制限は著作財産権のみにかかるもので，これによって著作者人格権が制限されることはありません（50条）。

---

**権利内容の制限**
①私的使用のための複製（30条）
②付随的利用等（30条の2～30条の4）
③図書館での複製（31条）
④引用（32条）
⑤教育の場での複製（33条～36条）
⑥障害者のための配慮（37条）
⑦非営利の上演等（38条）

### ①私的使用のための複製（30条）

利用者は，個人的・家庭内等の**私的使用の目的**の範囲内であれば，原則，著作物を複製しても著作者の複製権の侵害にはなりません。しかし，コピー・プロテクション等の技術的保護手段を解除して複製を可能にし，かつそれを故意に行う場合などは，たとえそれが私的使用目的であったとしても著作権の侵害となります（30条1項）。

録音録画機器メーカーは，いったん著作権者に支払った補償金を機器・媒介の販売価格に上乗せすることで購入者に転嫁しています。つまり，録音・録画機器を購入する私たち消費者がそれを負担していることになるのです。

**録音録画機器に関してはその2%、記録媒体に関してはその3%が価格に上乗せされています。**

補償金を受ける権利は，録音・録画ごとにそれぞれ文化庁長官が指定する権利者団体（指定管理団体）によってのみ行使できるとされています（104条の2第1項）。

なお，補償金を支払った者でも，その機器・記録媒体を私的録音録画以外に使用することを証明できれば，指定管理団体に対してその返還を請求できることになっています。たとえば，自らの声を録音したり，子供の発表会を録画したりといった場合がこれにあたります。

一方，私的使用目的で，有償で提供されている音楽・映像の著作権など，インターネット上に違法アップロードされているものを，その事実を知りながら自分のパソコンにダウンロードすることは，違法ダウンロードであり刑事罰にあたります（119条3項）。

## ②付随的利用等（30条の2〜30条の4）

2012年の改正で追加された権利制限規定があります。

30条の2は，付随対象著作物の利用の場合です。写真撮影・録音・録画の際に，付随的に他の著作物が写り込んだとしても，その著作物に対する複製権の侵害とはなりません。

街中にはポスターやキャラクターなど，あらゆる著作物が存在するので，写真を撮ったときに，それらが写り込んでしまうことがよくあります。その写真をSNSにアップするなどした場合，従来は複製権や公衆送信権の問題を生じさせました。しかし，そういった写真は多くの場合，著作権者になんら害を及ぼしませんし，それらの著作物をいちいち気にしていたら，街でスナップ写真を撮ることすらできなくなってしまいます。そこで，撮影の対象物から分離が困難である場合には，他の著作物が写り込んだとしても，著作権侵害にはならないことになりました。

30条の3は，検討の過程における利用の場合です。たとえば，漫画のキャラクターを自社製品のイメージキャラクターに使いたいという場合，会議などでの検討資料として，そのキャラクターを複製することができます。

30条の4は，技術の開発又は実用化のための試験の用に供するための利用の場合です。テレビの録画技術の開発をする場合に，試験としてテレビ番組を録画する行為などがこれに当たります。


## ③図書館での複製（31条）

図書館においては，図書館等の図書，記録その他の資料を用いて一定の範囲内で複製が許されています。ただし，ここでいう「図書館」は，営利目的のものであってはなりません。です

**❻**著作権法 ▶ 183

から，法人など営利目的の団体内にある図書館などは含まれません。

#### ④引用（32条）

すでに公表された著作物に関しては，①「公正な慣行」に合致するものでかつ，②報道，批評，研究その他引用目的上「正当な範囲内」であれば引用して利用することができるとします（32条1項）。

また，自由引用が許されるには，その引用に使われた③元の著作物の出所が明示されていることも条件です（48条1項）。この出所表示義務に違反して引用した場合には，刑事罰の適用があるので注意が必要です（122条）。

#### ⑤教育の場での複製（33条～36条）

公表された著作物は，学校教育の目的上必要と認められる範囲内で自由に教科書に掲載できます（33条1項）。

また，学校その他非営利の教育機関において，授業を担当する者とその授業を受ける者が，授業の目的の範囲内での使用する場合に限り，必要と認められる限度において複製することができます（35条1項）。学校で教師が生徒に配る教材のコピーや，教育目的の番組を放送をテープにとったりする場合を指します。以前は「授業を担当する者」だけに認められていましたが，平成15年の改正で，「授業を受ける者(生徒や学生)」にも範囲が拡大されました。

公表された著作物は，入学試験その他，人の学識機能に関する試験又は検定の目的上必要とされる限度において試験問題に掲載することができます（36条1項）。ただし，営利目的の場合にはこの規定の適用は受けず，通常の使用料に相当する額の

補償金を著作権者に支払わなければなりません（36条2項）。

　この他にも，34条の学校教育番組放送のように，教科書への掲載の場合と同じ扱いをしているものもあります。

### ⑥障害者のための配慮（37条以下）

　視聴覚障害者のバリアフリーのために，著作権に制限を加えることがあります。たとえば，(1)視覚障害者のための点字による複製，点字の電子的記録とその送信および録音，自動公衆送信（37条）と(2)聴覚障害者のための字幕等の自動公衆送信（37条の2）が認められています。ここでも，対象は公表された著作物に限られています。

### ⑦非営利の上演等（38条）

　公表された著作物は，①営利を目的とせず，②聴衆又は観衆から料金を受けない場合には，公に上演し，演奏し，上映または口述することができます。ただし，③実演家らに対して報酬が支払われないことも条件です（38条1項）。たとえば，学校の文化祭での演劇や演奏，介護施設での演芸会などがこれにあたります。

**非営利の複製の要件**
①非営利目的であること
②料金を受けないこと
③実演家らは無報酬で行うこと

　ほかにも著作権が制限される場合はありますが，まずは以上の7つを押さえておきましょう。

## ●6● 著作権が侵害されたら

　多くの場合，著作権の侵害は**著作物の模倣（再生）**です。著作物をそのまま複製すれば，複製権の侵害ですし，そのまま放送すれば，放送権等の侵害になります。解釈的には，著作権の侵害とは，原著作物に①依拠して作成され，かつ，その著作物が原著作物と②類似の範囲内にあり，③21条から28条，113条の規定にあてはまる行為を言います。

コラム

### 【Fair use（フェアユース）の法理】

　これまでに見てきたように，日本の著作権法では，著作権の制限について詳細な規定が置かれていますが，著作権を一般的に制限する規定はありません。しかし，多くの諸外国はこのような詳細規定は置かず，抽象的に著作権を制限する一般規定をおいて，実際の個々の事例を判断しているようです。アメリカ合衆国では，フェアユース（公正利用）の法理としてよく知られています。

　一般規定は，日本の著作権法に見た個別規定より**柔軟な運用が可能**であり，その点では優れています。しかし，一方では，やってみないことには何が違反となるかわからない，つまり，**予測可能性が低い**という欠点もあります。この点，個別具体的な規定はどれが違反行為となるか予測が立てやすく，私たちにもわかりやすい制度であると言えますね。

**模倣の要件**
**①依拠性（アクセス）**
**②類似性**
**③法定利用行為**

### ①依拠性

「依拠性」とは，創作過程において，模倣したとされる原作品に現実にアクセスし得たか否かを問うものです。以前見て知っていた彫刻とそっくりそのままの彫刻を創作した場合は，この依拠性の要件にあたります。たとえ現実に見たことがなく，ただ彫刻をビデオで取ったものを見て同じものを創作した場合や，本を読まなかったけれどコピーはとっていたような場合にも侵害は成立します。しかし，著作物でない単なるアイデアへの依拠では侵害は成立しません。

また，「偶然の一致」の場合にも侵害は成立しません。全く独立して創作した作品であるにも関わらず，偶然同じ作品を先に発表した人がいた場合がそうです。この場合，著作権法は多様性の世界であり，「偶然一致した」からといって後者の著作権を認めないのは酷であるとして，侵害とはなりません。

### ②類似性

類似性とは，「表現」の類似性であり，「アイデア」の類似性は含まれません。たとえ依拠性が認められても，「原著作物に付加された創作性の程度」イコール「原著作物との類似性の程度」と考え，ほとんどそのままであれば「複製物」，新たな創

作性が認められれば「翻案物」，高度の創作性が認められるならそれは「独立の著作物」であり，侵害は成立しません。

　著作物の種類によっても保護される範囲は違います。たとえば，絵画，小説などの芸術的作品は，どちらかと言えば表現の幅も広く，個性が現れやすい著作物です。これに対し，辞書，データベースなどの事実的作品はより個性が現れにくく創作性の程度が下がるのが一般的です。また，設計図やプログラムなどの機能的作品は，その程度がさらに下がってきます。よって，芸術的な作品は，その類似性の程度が低い場合でも著作権侵害と認定できる可能性が高く，保護範囲が広いと言えます。

### ③法定利用行為

　**法定利用行為**とは，21条から28条の規定を言います。現行の著作権法は，著作権の無断複製を禁止する権利（21条）を中心として，113条1項1号で規律外の著作物が外国から輸入されるのを防いだり，113条1項2号で法律の抜け穴をくぐって無断で複製された侵害品を流通させないようにしています。

　そもそも知的財産権は，積極的に行使する類の権利ではなく，消極的に他人の模倣を禁止する権利でした。よって，著作者の権利である21条から28条，113条の規定も，権利者が権利行使するというよりは，他人がこれらの行為を無断でなすことを禁止するものだと理解できます。

### ❖みなし侵害（113条6項）

　みなし侵害とは，著作者人格権の侵害についての規定です。具体的には，「著作者の名誉又は声望を害する方法によりその著作物を利用する行為は，その著作者人格権を侵害する行為とみなす」と規定されています。通称"みなし侵害"の規定と言

われ，著作者人格権ではカバーしきれないものを保護しています。これにより，たとえ著作物の同一性を保っていても，著作者人格権侵害とみなされる可能性があるのです。

**著作者人格権には、公表権、氏名表示権、同一性保持権の三つがありました。**

　例えば，他人の絵画を無断でそのまま風俗店の看板として掲げる場合がこれにあたります。たとえ改変を加えていなくとも，著作物の評判を左右するような形での利用は侵害とみなされる恐れがあるということですね。なお，ここで言う「著作物の利用」には内容に関する論評等は含まれません。

　みなし侵害にあたるか否かが争われた重要な判例があります。雪山をスキーヤーが滑り降りてくる写真を著作権者に無断で合成改変して，雪山から滑り降りてくるスキーヤーの上側に巨大なゴムタイヤを描写したモンタージュ写真を風刺的に作成したことが「正当な引用」ではなく侵害にあたるとして提訴された事案です。最高裁は「法三〇条一項第二（現行法では 32 条）は，すでに発行された他人の著作物を正当の範囲内において自由に自己の著作物中に節録引用することを容認しているが，ここにいう引用とは，紹介，参照，論評その他の目的で自己の著作物中に他人の著作物の原則として一部を採録することをいうと解するのが相当であるから，右引用に当るというためには，引用を含む著作物の表現形式上，引用して利用する側の著作物と，引用されて利用される側の著作物とを明瞭に気別して認識することができ，かつ，右両著作物の間に前者が主，後者が従の関係があると認められる場合でなければならないというべきであり，更に，法一八条三項（現行法 20 条に相当）の規定によれば，引用される側の著作物の著作権人格権を侵害するよう

な態様でする引用は許されないことが明らかである。」と判示しています（昭和55年3月28日最高裁第三小法廷判決　最高裁判所民事判例集34巻3号244頁）。

### ❖救済手段

著作権侵害に対抗する手段は，112条以下と民法に規定されるものがあります。

①差止請求権（112条）
②名誉回復請求権（115条）
③不当利得返還請求権（民法703条）
④損害賠償請求権（114条と民法709条）

①，②について簡単に説明します。

### ①差止請求権

著作権者等は，著作権を侵害するまたは侵害するおそれがある者に対し，その侵害の停止または予防を請求できます（112条1項）。また，著作権法でも，特許法のところでも触れたように侵害行為を組成した物，侵害行為に供された機器の廃棄を求めることができます（同条2項）。ここで「侵害行為を組成した物」は，たとえば無断で頒布された映画フィルムがそうです。「侵害行為に供された機器」は，無断複製を行うための紙型や版木，コピー（複写）装置などです。

## ②名誉回復請求権

著作権者等は，故意または過失により侵害行為をなした者に対し，その名誉または声望の回復のために適当な措置を取ることを請求することができます（115条）。名誉回復請求権は，損害の賠償とは別に請求することができるもので，過去の侵害行為に対する対抗措置です。

さて，以上は民事的救済の部類にする措置でした。この他に，事件が相当悪質であるような場合には119条以下で刑事罰の規定が置かれています。

最高10年以下の懲役または1000万円以下の罰金もしくはこれら懲役・罰金の併料に処されます。法人に対しては3億円以下の罰金などが科されます（124条）。

## ●7●
# 著作隣接権とは何か

**著作隣接権**とは，著作物を伝達する役割をする①実演家②レコード製作者③放送/有線放送事業者等を保護する権利を言います（89条）。

俳優や歌手のように著作物を演奏したりする者を「実演家」，音楽の著作物を最初にレコード（音盤，CD，テープなど）に固定した者を「レコード製作者」，著作物の放送や有線放送を業として行う者を「放送事業者」ないし「有線放送事業者」とそれぞれ呼んでいます。

彼らは**著作隣接権者**と呼ばれ，著作者にはあたりません。著作隣接権は，英語では neighboring right と言われ "著作権に隣接する権利" という意味です。しかし，著作隣接権と著作権は独立した別個の権利です（90条）。

**著作隣接権者**
①実演家：俳優や歌手，著作物を演技したり演奏したりする者
②レコード製作者：音楽著作物を最初にレコードに固定した者
③放送事業者・有線放送事業者：著作物の放送や有線放送をする者

　彼ら著作物の伝達者は，文化を公衆に広めるという観点から重要な存在です。私たちは楽曲の歌詞だけを楽しむわけではなく，実演家の演奏も楽しんでいます。しかし，実演家は自ら創作者にあてはまらないため，著作者としては保護されません。
　このように彼らの経済的利益が侵されている現状にかんがみ，伝達者の個性を保護し，伝達行為にインセンティブを与えるため著作隣接権が設けられています。

**著作隣接権の目的**
①伝達行為へのインセンティブ
②伝達者の個性の保護

実演家の権利には,以下のようなものがあります。

**実演家の権利**
**録音権,録画権 (91条1項)**
**放送権・有線放送権 (92条1項)**
**送信可能化権 (92条の2第1項)**
**譲渡権 (95条の2第1項),貸与権 (95条の3第1項)**
**二次的使用料請求権 (95条1項)**
**私的録音録画補償金請求権 (102条1項,30条2項)**
**氏名表示権(90条の2第1項),同一性保持権(90条の3第1項)**

氏名表示権,同一性保持権等の人格権は,平成14年の法改正で新たに加えられた権利です。実演家には,著作者に認められていた公表権は認められていません。

コ ラ ム

### 【パブリシティー権】

　パブリシティー（publicity）権とは，氏名肖像から生まれる経済的利益を排他的に支配する権利です。

　そもそも，人がその肖像について有する利益を人格権の一つである「肖像権」，氏名について有する利益を「氏名権」と言います。有名人の氏名・肖像は，その名声・社会的評価・知名度から商品宣伝に使われ，商品化されて経済的な利益を生み出します。このように，商業的価値のある氏名肖像権は，人をひきつける力，**顧客吸引力**を持っています。よって，そこから生み出される経済的利益及び価値は，その有名人が独占的に支配することができます。ですから，パブリシティー権の侵害に対しては，損害賠償はもちろんのこと，その有名人に精神的ダメージを与えれば，不法行為として慰謝料の請求も可能です。

　なお，「パブリシティー権」という言葉は，元来は法律上の言葉ではありません。パブリシティーという用語そのものは，一般的には，「知れ渡ること」「周知であること」という意味です。裁判例から生まれてきた言葉です。有名人などが氏名肖像を無断で使用され，損害賠償を請求するケースが多くあったためでしょう。明文の規定がない権利ですが，実務上も認められている重要な権利です。

　*ちなみに、パブリシティー権の法的根拠は民法上の不法行為（709条）にあります。*

　さて，パブリシティー権は財産的な権利ですが，基本は著名人の氏名や肖像といった人格権から生まれたものですから，その権利を誰かに譲渡することはそもそも可能なのでしょうか？　この点，実務では，俳優，歌手など芸能人は所属事務所が，プロスポーツ選手などは所属チームがそれぞれパブリシティー権を管理・運営しているようです。

## ●8●
# 著作物の利用

　著作物を利用するというと，本にして出版する契約を結ぶというのが思い浮かびますね。ここでは，著作物のいろいろな利用方法について，違いに触れながら勉強していきます。

### ❖ライセンス

　利用者は，権利者（著作権者）の定める利用方法及び条件の範囲内で，その著作物を利用することができます（63条2項）。

　当然ですが，著作権が切れていない他人の著作物に関しては，著作権者の利用許諾がない限り自由に利用することはできません。利用許諾は，通常，利用料もしくは使用料の対価として許可されることが多く，多くの著作権者はここから利益を得ています。

　利用許諾には**排他的許諾**と**単純許諾**があります。排他的許諾は，たとえばライセンサーAがBにだけ利用許諾を与える契約をし，Cなど他には与えない場合を言います。つまり，Bにある種「独占的利用（排他的利用）」を認めるもので，Aは今後他のCやDに同じように利用許諾を与えることはできません。一方，単純許諾では，AがBにもCにも利用許諾を与えることができます。

　二つの利用許諾の違いは，排他的許諾においてAがCにも利用許諾を与えた場合には，BはAの契約不履行を理由に損害賠償などを請求できる点にあります。単純契約ではもちろんこのような特約がついていないので，Aが同じことをしても契約不履行には当たりません。

　利用許諾契約によって，利用者には以下の効果が生じます。

　許諾を受けた利用者は，契約の範囲内で著作者の権利を制限

しつつ，自由利用することができます。著作権者は，著作権を機能させることはできないので，一種の権利不行使義務を負っていると考えられます。

しかし，利用者は許諾の範囲内においてのみ適法に著作物を利用し，その範囲を超えてはいけません（63条2項）。

利用者は，原則として，利用許諾料支払義務を負います。また，著作権者の承諾を得ない限り利用許諾を他人に譲渡することはできません（63条3項）。通常，利用許諾契約も契約の一種ですから，債権的権利しかもたず，よってその譲渡は自由なはずです（民法466条）。しかし，一般的に著作者にとって誰が自身の著作物の利用者であるかは重要な関心事項でしょう。このため，他人への譲渡は禁止されているのです。

## ❖著作権譲渡

著作権の利用方法として，利用許諾の他に著作権譲渡があります。著作権は，その全部または一部を譲渡することができると規定されています（61条）。一部とは，たとえば支分権の一つである複製権だけを譲渡する場合などです。著作権は，すべての譲渡や支分権ごとの譲渡，期間や地域を限定した譲渡などバリエーションが豊富なのも特徴です。

著作権譲渡契約は口頭でも可能です。場合によっては，譲渡の意思は黙示であっても足りるとされます。ただこの場合には，それを示唆するような文言が残っているとか，利用許諾にしては高すぎる対価が支払われているなどの特段の事情が必要です。これらの事情が見られない場合，単に著作物の利用許諾がされたこととなり，譲渡は否定されます。

**❻著作権法 ▶ 197**

### ❖出版

出版権者は，頒布目的での複製権を専有します (80条1項)。出版権はほぼ独占的な出版許諾であるため，設定されると第三者に出版させることはできません。出版許諾契約の効果として，出版権者は次の義務を負います。

①出版者は自己の計算において著作物の複製，頒布する義務
②6ヶ月以内の出版の義務 (81条1項)
③継続出版の義務 (同2号)
④重版を発行する際にはその通知をする義務 (82条2項)

出版許諾契約には，前述の利用許諾契約同様，単純許諾と排他的許諾があります。実務の世界では，黙示や口頭での契約が多く，その意思解釈は慣習によって決められます。

現実に「出版契約」と呼ばれるものの多くは，次の場合です。

①出版についての企画は著者，出版社いずれでもよい
②出版社が複製・頒布の義務を負う
③著作に関する費用は著作者が負う
④出版に要する費用は出版社が負担する

平成26年の法改正で，電子書籍にも「出版権」が認められ，出版社やネット事業者らが海賊版への差し止めを行えるようになりました。

# 7時間目
## 知的財産法その7
## 国際条約と国際問題

## ●0●
# はじめに

　知的財産を保護する国際条約は存在しますが，原則，各国は独自の知的財産法を持っています。つまり，「世界共通特許権」のようなものは存在しません。また，権利の発生・内容・消滅も各国国内法で規律されており，パリ条約の明文で認められています。本来，知的財産，つまり情報は簡単に国境を超えてしまう性質の財産であるにも関わらず，取締りや権利の効力範囲は国内に限られているのです。

　たとえば，日本で特許を取ったとしても日本の特許法をしてアメリカで同じような保護が受けられるかというとそれはできません。また，国内法で知的財産を保護する制度が全くない国も存在し，これでは国際通商上の不都合が生じてくるのが必然です。

　知的財産権保護に関する国際機関として，**WIPO（世界知的所有権機関＝World Intellectual Property Organization）**があります。WIPO は本部をジュネーブに置く国連ファミリーの一員で，**パリ条約，ベルヌ条約**などの知的財産権に関する条約の締結や改正，各国の法律の調整などを行います。

　しかし，知的所有権は，各国の産業や経済と複雑に絡んでくるものだけに，国益などの対立もあり，逆に南北問題の先鋭化が進んでしまいました。比較的に多くの知的財産権を有しそれを保護したい先進国と，その自由利用を求める途上国の間での対立が目立つようになったのです。そこで 1986 年の GATT ウルグアイ・ラウンドで，GATT において知的財産を扱うことが決められました。1994 年からは，新たに知的財産権ルールを定める **TRIPs 協定**が締約され，それを管理する **WTO（世界貿易機関＝World Trade Organization）**の重要性が増してきて

います。このようにして多角的に知的財産法の国際的なハーモナイゼーションを進め，究極的には世界共通知的財産法をめざしています。

# ● 1 ●
# 知的財産を保護する国際条約

知的財産に関する国際条約は，大きく工業所有権の分野と著作権の分野に分かれています。

## ❖特許・実用新案・意匠・商標の保護

### 1．パリ条約

1883 年，「パリ条約＝工業所有権の保護に関するパリ条約」が締結されました。現在では，150 ヶ国以上の国・地域がメンバーとなり，**特許**，**実用新案**，**意匠**，**商標**などの国際的な保護の最低条件を定めた世界の特許制度の根幹となるものです。もちろん，外国で特許を取得する上で世界的によく利用されている条約の一つです。

手続きの簡素化，費用の低廉化，早期の出願日の確保や維持管理の容易化などを目標にして，各国で協力体制ができています。例えば，日本で特許を取ったとして，ドイツに商品を輸出する際には，ドイツ国内でまた特許をとらないといけないというのでは面倒です。そこで，**特許協力条約（PCT）**や，**標章の国際登録に関するマドリッド協定議定書（マドリッド・プロトコル）**によって手続きの調和が進められています。これにより，企業は，日本で日本特許庁にて国際登録出願をすれば，WIPOを通じて複数国で特許権の発生をしてもらうことができるというわけです。

パリ条約には，いわゆる三大原則があります。

❼国際条約と国際問題 ▶ 201

**パリ条約三大原則**
①内国民待遇
②優先権制度
③各国特許独立の原則

①**内国民待遇**

　**内国民待遇**（national treatment）とは，パリ条約の同盟国は，他の同盟国の国民に対して，自国の国民に認めるのと同等の権利能力を与えなければならない原則を言います（2条）。

②**優先権制度**

　**優先権制度**（right of priority）とは，発明，考案，意匠，商標について，同盟国に正規に出願した者が，その後それを一定期間内に他の同盟国に出願した場合には，第1国出願時に出願していれば受けられた利益を認める制度を言います。

　ただ，各国において工業所有権を取得する方法には，このパリ条約の優先権制度による方法と，次に述べるPCTによる出願，マドリッド・プロトコルによる国際登録出願の方法があります。

③**各国特許独立の原則**

　権利独立の原則とも言われ，各国に成立した工業所有権は相互に独立して存在するという原則です。したがって，ある国の工業所有権が消滅したとしても，他の国の権利は消滅することはありません。

　なお，この原則は特許と商標のみの規定です。

## 2．PCT

**PCT（特許協力条約）**は，複数国出願の負担を軽減するために 1970 年にワシントンで締結された条約です。PCT は，一つの出願によって各国における出願の効果を生じさせることができます。たとえば，日本国民が，日本の特許庁に日本語または英語による国際出願を一つすることによって，PCT の加盟国の中から指定した国々に同時に出願した効果が得られるということです。わが国は 1970 年に加盟しました。

## 3．マドリッド・プロトコル

商標も 1995 年 12 月，国際登録に関するマドリッド・プロトコル（**マドリッド協定議定書**）という決まりが発効しました。商標について，世界知的所有権機関（WIPO）の国際事務局が管理する国際登録簿に国際登録を受けることによって，指定締約国においてもその保護を受けることができます。国際登録の存続期間は，国際登録日から 10 年で，更新が可能です。

2018 年 4 月現在で，世界の 101 の国が参加しています。わが国では，1999 年に加盟，2000 年 3 月 14 日から効力を生じており，国際登録出願が同日より開始されています。これはつまり，ある国で商標を登録し，他国に出願した場合，12 ヶ月以内に拒絶の通報をしない限り，他国でも認めるという「準世界商標」の役割をしています。

**❼** 国際条約と国際問題 ▶ **203**

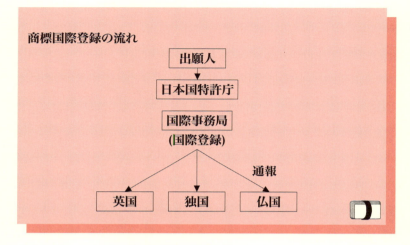

マドリッド・プロトコルを採用するメリットは，やはり，出願人が何度も出願せずとも，一度の手続きで複数の国の権利取得が可能なことです。従来は，出願人は，直接各国の官庁に出願しなければならず，また，存続期間の管理も苦労の種でした。マドリッド・プロトコルは，わが国の企業の国際経済活動のコスト削減にも一役買っているといえるでしょう。

**❖著作権の保護**

1. ベルヌ条約

著作権は，特許権に比べると国際化が進んでいると言えるでしょう。

1886年に締結された「ベルヌ条約＝文学的及び美術的著作物の保護に関するベルヌ条約」により，著作権は，加盟国間ではお互いの著作権を何の手続きもとらずに認め合うという「世界著作権」を実現しているからです。

ベルヌ条約が締約される前は，各国が互いに外国人にも著作権を認める立法措置を国内でとり，これを基礎として2国間条約を結ぶ形が一般的でした。しかし，これでは条約外の第三国との関係では役に立たないなど保護が中途半端でした。加えて，登録主義を採用する国相手では，その要件を満たさなければならないなど不便も多く，結局，国際的な著作権保護というには充分ではありませんでした。

　ベルヌ条約でも，内国民待遇原則が確立されました。また，各国が国内法で著作権法の保護範囲の最低基準を規定するなどその解決策がはかられました。「内国民待遇原則」とは，加盟国は著作権の保護に関して自国民に与える保護と同等の待遇を他の加盟国の国民に対して与えなければならないとする原則です。よって，たとえば，ある国が自国の国民には著作権保護期間を50年としながら，他の国の国民の著作権保護期間を40年とするといった差別は禁止されます。

## 2．著作権インターネット条約

　「著作権インターネット条約」は，WIPO条約の中でも比較的新しい「WIPO著作権条約」と「WIPO実演レコード条約」の通称です。サイバーネットワーク上の著作権保護を目的として採択されました。

　インターネット時代を反映した両条約は，著作権者，著作隣接権者等に対してインターネット上で著作物を複製，配信，レンタル，送信可能化するための排他的権利を与えたことが特徴です。インターネット上での音楽ファイル交換サービスなどはこの権利の侵害の典型例ですね。

　日本では，1997年の法改正で，WIPO著作権条約に即して「公衆送信権」（著作権法23条）を創設しています。また，「送

信可能化権」(92条の2, 96条の2) についても，実演レコード条約と調整するため，実演家，レコード製作者のために定められました。2002年の改正では，放送事業者にも送信可能化権が与えられ，この条約の内容となる部分について日本はかなり高いレベルでクリアしているといえるでしょう。

ちなみにアメリカは，1998年「デジタルミレニアム著作権法」によって著作権インターネット条約を実施しています。

### ③TRIPs協定

最後に知的財産全般を保護するTRIPs協定について触れておきます。

先ほど述べたWTOルールの一部分を構成し，正式名称を「私的所有権の貿易関連の側面に関する協定 (Trade-Related Aspects of Intellectual Property Rights)」と言います。実体的保護のレベルを引き上げるべく，新しい権利の創設も行っています。

①ベルヌ条約に規定される保護水準の遵守
②コンピュータ・プログラムおよびデータベースの著作権の保護
③コンピュータ・プログラム，映画およびレコードへの貸与権の付与
④実演家，レコード製作者および放送事業者の保護

また，紛争処理を担う権利執行手続き，無差別原則なども設けられています。加盟国はこの水準を満たす国内法を作らなけ

ればならず，これが保護の最低基準になっています。これらは
ベルヌプラスアプローチと呼ばれたりします。

**無差別原則**とは，内国民待遇と最恵国待遇の2つの原則を言
います。これまでも，既存の条約で内国民待遇は規定されてい
ましたが，この協定の画期的な点は，最恵国待遇が認められた
ことです。**最恵国待遇**は，特定国の権利者に与えた優遇措置は
この協定の加盟国すべてに与えなければならない原則です。こ
れまで2国間条約で与えていた特定国への優遇措置は廃止する
か，協定加盟国すべてに与えるか迫ることができるようになり
ました。たとえば，A国とB国の間で両国の著作権者の権利
保護期間を70年と定め，他の国に対しては30年としていた場
合，最恵国待遇違反となります。これは，既存の国際条約には
なかった取り扱いで，知的財産権のいっそうの国際的保護が進
められています。

ベルヌ条約に規定されていない新しい権利について少し解説
しておきます。③の貸与権は，既存の条約には規定されていま
せんが，実は米国，フランス，ドイツ，日本などの先進諸国は
国内法ですでに規定していました。これにより，著作者は著作
物の商業的貸与を排他的に許諾または禁止する権利を得ました。

その他，国際的な「権利の消尽」については，国際消尽を認
めて並行輸入を許すか否かは，TRIPs協定は規定していませ
ん。依然，判断は各国に任されている状況で，裁判例も各国で
ばらばらです。

●2●
# 並行輸入問題

**並行輸入**とは，ある商品について総代理店がいる場合に，総
代理店以外の者が総代理店を通さずに別ルートでその商品を輸
入することを言います。

**7** 国際条約と国際問題 ▶ 207

たとえば，フランス企業のブランド品をフランスで購入し日本に輸入したり，日本企業の途上国向け電化製品を途上国から日本へ逆輸入する場合がこれにあたります。

　並行輸入は，内外価格差を利用したものです。輸送コスト等を加算してもまだ，海外で仕入れた商品を輸入したほうが安いために行われています。

　しかし，フランス高級ブランド会社の正規の日本総代理店では価格の高いものが，並行輸入の取扱商品店では全く同じものが安く売られるという事態となります。その結果，日本の総代理店側から営業妨害であるというクレームが出ました。ここで問題は，**日本の知的財産権によって，並行輸入品の日本市場への流入を阻止できるか否か**です。権利者である高級ブランド会社や日本の電化製品メーカーとしては，国別価格戦略はマーケティング戦略の一環であり，維持したいというのが本音です。しかし，並行輸入品は正当な権利者が一旦適法に流通に乗せたもので，並行輸入会社はその商品を一般市場価格で購入しているため，「権利消尽」原則との関係が大きな問題となります。

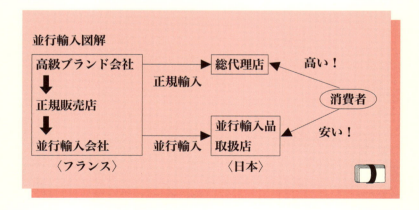

他国で適法に流通に置かれた商品を並行輸入することは，特許権の侵害となるでしょうか？

　これに関して著名な「BBS並行輸入事件」を紹介しておきましょう。

　ドイツの自動車メーカーXは，自動車の車輪に関する発明において，日本とドイツで特許権を有していました。Yは，Xが本件発明の実施品としてドイツで販売していたアルミホイールを並行輸入して，日本で販売しました。これに対し，XはYの行為はXの日本での特許権を侵害するとしてYらに，輸入販売の差止め，ならびに損害賠償を求めて訴えました。

　本判決においては，並行輸入に対して特許権が及ぶことを前提とします。しかし，商品の自由な流通も最大限に尊重されるべきという観点から，譲受人およびその後の転得者に対して，販売先ないし使用地域から日本を除外する旨の合意および，その明確な表示を権利者（ここではX）が行わない限り特許権は主張できないと判示しました。

　本件では，Xが本件特許製品の販売に際して，このような合意をしたことも，そのことを本件各製品に明示したことも立証されていないことから，Xの請求は棄却されました。

　ちなみに，判例によると，特許権の国内における消尽は，①特許法による発明の保護を社会公共に利益との調和，②商品の自由な流通・特許製品の円滑な流通の確保，これを通じた特許権者自身の利益保護，ひいては特許法の目的の実現，および特許権者に二重の利得を認める必要がないことを理由として肯定されています。学説も，特許権の国内消尽に対しては，異論はみられません。

**❼** 国際条約と国際問題 ► **209**

# さくいん

## 英字

CAFC————————21
Fair Use の法理————187
PCT————————201・203
publicity—————————195
TRIPs 協定————19・200・206
WIPO————————17・200
WTO————————200

## あ

青色発光ダイオード事件
————————47・49
依拠性—————————188
意匠————————17・144
意匠権—————————147
意匠権の侵害—————147
意匠出願・登録————146
意匠法————17・144〜・150
映画著作物—————168
永久機関—————————34
営業誹謗—————————118
役務商標—————————125
応用美術—————————167
音楽著作物—————167

## か

回路配置利用権————18
学術性—————————165
過失の推定—————————85
関連意匠—————————149
技術的思想—————————32
技術的制限手段————114

キャラクター—————173
共同著作—————————175
拒絶査定—————————65
拒絶査定不服審判————68
均等論—————————74
組物意匠—————————149
クロスライセンス契約————81
言語著作物—————166
建築著作物—————168
工業上の利用可能性————145
工業所有権—————————18
更新登録申請—————134
公知—————————56
公知技術の抗弁—————90
公表権—————————178
公用—————————56
誤認惹起表示—————118
コンテンツビジネス————122

## さ

サービスマーク—————17
差止請求権————84・191
査定—————————65
産業上の利用可能性————60
自然法則—————————32
思想または感情————163
実演家————17・192
実体審査—————————127
実用新案————17・152
実用新案権—————154
実用新案出願・登録————153
実用新案法———17・152〜・155
私的使用の目的—————182

210

| | |
|---|---|
| 自発補正 | 65 |
| 氏名表示権 | 178 |
| 写真著作物 | 169 |
| 周知表示混同惹起行為 | 100 |
| 周知表示の侵害 | 102 |
| 出願公開制度 | 52 |
| 出願者主義 | 40 |
| 出所識別力 | 102 |
| 出版 | 198 |
| 純粋美術 | 167 |
| 商号 | 18 |
| 使用主義 | 126 |
| 商標 | 17・124 |
| 商標権の効力 | 136 |
| 商標権の侵害 | 140 |
| 商標登録 | 133 |
| 商標法 | 17・124～ |
| 商品化権 | 173 |
| 商品形態の侵害 | 106 |
| 商品形態の保護 | 105 |
| 商品商標 | 125 |
| 職務著作 | 174 |
| 職務発明 | 46 |
| 新規御法度 | 31 |
| 新規性 | 55・145 |
| 審決取消訴訟 | 70 |
| 審判 | 65 |
| 進歩性 | 58 |
| 図形著作物 | 168 |
| 西洋事情 | 31 |
| 世界知的所有権機関 | 200 |
| 世界貿易機関 | 200 |
| 専売条例 | 30 |
| 専売特許条例 | 31 |
| 専用実施権 | 81 |
| 創作性 | 35・145・163 |

| | |
|---|---|
| 相当の利益 | 48 |
| 損害額の決定 | 87 |

## た

| | |
|---|---|
| 団体商標登録 | 136 |
| 知的財産権 | 14 |
| 知的財産戦略大綱 | 22 |
| 著作権 | 158・161・176 |
| 著作権インターネット条約 | 205 |
| 著作権譲渡 | 197 |
| 著作権制度 | 159 |
| 著作権の侵害 | 186 |
| 著作権の制限 | 180 |
| 著作権法 | 17・150・158～ |
| 著作者 | 174 |
| 著作者人格権 | 178 |
| 著作物 | 163 |
| 著作物の利用 | 196 |
| 著作隣接権 | 192 |
| 著作隣接権者 | 192 |
| 著名表示の侵害 | 104 |
| 著名表示の保護 | 104 |
| 通常実施権 | 81 |
| データベース | 170 |
| 同一性保持権 | 179 |
| 登録主義 | 126 |
| 登録商標 | 125 |
| 登録要件 | 127 |
| 特許 | 17 |
| 特許協力条約 | 201・203 |
| 特許権 | 30・161 |
| 特許権の移転 | 82 |
| 特許権の効力 | 71 |
| 特許権の制限 | 76 |
| 特許権の保護期間 | 76 |

さくいん ▶ 211

特許権の保護範囲————73
特許査定————65
特許出願————50
特許庁————18
特許法————17・30・155
特許無効審判————68
特許無効の抗弁————90
ドメイン名の侵害————116
ドメイン名の保護————114
トレードシークレット————107

## な

二次的著作物————171

## は

バイオテクノロジー————92
廃棄除去請求権————85
発明————32
発明者主義————40
発明者名誉権————40
発明の種類————36
パブリシティー権————173・195
パリ条約————19・31・200・201
万国郵便条約————19
「阪神優勝」問題————139
半導体チップ保護法————18
ビジネスモデル————94
美術著作物————167
秘密意匠————149
表現アイデア二分論————164
表現性————164
標章————125
標章の国際登録に関するマド
　リッド協定議定書————201
品質等誤認惹起表示————118
フェアユースの法理————187

福沢諭吉————31
不使用商標の取消審判————136
不正競争————17
不正競争行為————99
不正競争防止法——18・98〜・150
物質発明————35
不登録事由————130
不特許事由————63
部分意匠————148
ブランドの価値————142
フリーライド————14
プログラム著作物————170
プロダクト・バイ・プロセス・
　クレーム————37・73
プロパテント————21
文化庁————18
並行輸入————207
ヘッドハンティング問題——112
ベルヌ条約————19・200・204
弁理士————24
防護標章登録————135
方式審査————51
法定利用行為————189
方法の発明————36
冒認出願————42
補償金請求権————52
補正————64

## ま

マドリッド・プロトコル（マド
　リッド協定議定書）－201・203
未完成発明————39
みなし侵害————189
無方式主義————174
名誉回復請求権————191
命令補正————65

物の発明————————36
模倣————————186

## や

ヤング・レポート————21
用途発明————————35

## ら

立体商標————————126
類似性————————188
連邦巡回区控訴裁判所———21

著　　　者　　　プ　ロ　フ　ィ　ー　ル

# 尾崎哲夫(Ozaki Tetsuo)

1953 年大阪生まれ。1976 年早稲田大学法学部卒業。2000 年早稲田大学大学院ア
ジア太平洋研究科国際関係専攻修了。2008 年米国ルイス・アンド・クラーク法科
大学院留学。
松下電送機器㈱勤務、関西外国語大学短期大学部教授、近畿大学教授を経て、現
在研究・執筆中。
主な著書に、「ビジネスマンの基礎英語」(日経文庫)「海外個人旅行のススメ」
「海外個人旅行のヒケツ」(朝日新聞社)「大人のための英語勉強法」(PHP 文庫)
「私の英単語帳を公開します!」(幻冬舎)「コンパクト法律用語辞典」「法律英語用
語辞典」「条文ガイド六法　会社法」「法律英語入門」「アメリカの法律と歴史」
「アメリカ市民の法律入門 (翻訳)」「はじめての民法総則」「はじめての会社法」
「はじめての知的財産法」「はじめての行政法」「はじめての労働法」「国際商取引
法入門」(自由国民社) 他多数がある。
[BLOG] http://tetsuoozaki.blogspot.com/
[E-MAIL] ted.ozaki@gmail.com
[Web] http://www.ozaki.to

## About the Author

Ozaki Tetsuo, born in Japan in 1953, was a professor at Kinki
University.
Graduating from Waseda University at Law Department in April
1976, he was hired as an office worker at Matsushitadenso
(Panasonic group). He graduated from graduate school of Asia-
Pacific Studies at Waseda University in 2000. He studied abroad at
Lewis & Clark Law school in the United States in 2008. Prior to
becoming a professor at Kinki University he was a professor at
Kansaigaikokugo college (from April 2001 to September 2004).
He has been publishing over two hundred books including,
*A Dictionary of English Legal Terminology*, Tokyo : Jiyukokuminsha,
2003
*The Law and History of America*, Tokyo : Jiyukokuminsha, 2004
*An introduction to legal English*, Tokyo : Jiyukokuminsha, 2003
*English Study Method for Adults*, Tokyo : PHP, 2001
*The Dictionary to learn Legal Terminology*, Tokyo : Jiyukokuminsha,
2002
*The first step of Legal seminar series* (over 20 books series),
Tokyo : Jiyukokuminsha, 1997～
*The Fundamental English for business person*, Tokyo :
Nihonkeizaishinbunsha (Nikkei), 1994
*The Recommendation of Individual Foreign Travel*, Tokyo :
Asahishinbunsha, 1999
*The Key to Individual Foreign Travel*, Tokyo : Asahishinbunsha, 2000
*Master in TOEIC test*, Tokyo : PHP, 2001
*Basic English half an hour a day*, Tokyo : Kadokawashoten, 2002
*I show you my studying notebook of English words*, Tokyo :
Gentosha, 2004

*American Legal Cinema and English*, Tokyo : Jiyukokuminsha, 2005, and other lots of books.
He has also translated the following book.
Feinman, Jay, *LAW 101 Everything you need to know about the American Legal System*, England : Oxford University Press, 2000
＊These book titles translated in English. The original titles are published in Japanese language.

［3日でわかる法律入門］

# はじめての知的財産法

2005年6月25日　初版発行
2018年6月15日　第5版第1刷発行

著　者──尾崎哲夫
発行者──伊藤　滋
印刷所──横山印刷株式会社
製本所──新風製本株式会社
発行所──㈱式会社自由国民社

〒171-0033 東京都豊島区高田3─10─11
TEL 03 (6233) 0781 ㈹　振替 00100-6-189009
http://www.jiyu.co.jp/

©2018　Tetsuo Ozaki　Printed in Japan.
落丁本・乱丁本はお取り替えいたします。

自由国民社　出版案内

新しい時代の法律入門
## 【尾崎哲夫の本】

**特色**

① 平易な解説で初めて学ぶ人にも読みやすい
② 豊富な文例により「生きた法律知識」が身につく
③ タイムリーな知識も幅広く収録した充実の内容
④ 基礎から応用まで，幅広いニーズに対応

**本書とあわせて学習に・実務にご利用ください。
これからの必須知識を学ぶシリーズです。**

**法律用語ハンドブック**————本体1600円＋税
**コンパクト法律用語辞典**————本体2000円＋税
**法律英語用語辞典**————本体4500円＋税
**はじめての六法**————本体1900円＋税
**はじめての民法**————本体1700円＋税

（定価は 2018 年 5 月現在のものです）